Inhalt

W0229060

Vorwort: Ziele und Aufbau dieses Buches 9
Für wen wurde dieses Buch geschrieben?
Und warum? 9
Aufbau des Buches 10
Haben Sie Geduld! 12

Teil I: Einführung

Informationskapitel 1: Definition der Erziehung 17
Erziehung – was ist das überhaupt? 17
Was sagt der Gesetzgeber? 17
Was sagen die Sachverständigen? 18
Was sagen Pädagogen und Psychologen? 19

Informationskapitel 2:
Erschwerende Erziehungsbedingungen 23
Wenn Erziehung schwierig wird 23
Eigenschaften eines Kindes, die Erziehung erschweren 23
Erziehung in der Sackgasse – gegenseitige Zwangsinteraktion . . 27

Teil II: Übungskapitel

Übungskapitel 1:
Belastungsprofil und Veränderungsziele 35
Wo fange ich an? 35
Ein Belastungsprofil 35
Aufstellen von Veränderungszielen 42
Was wird jetzt aus meinen Zielen? 45
Hinweis 45

Übungskapitel 2: Die positive Spielzeit 50
Am Anfang steht Beziehungsarbeit 50
Das Konzept der positiven Spielzeit 52
Regeln für die positive Spielzeit 53
Häufig gestellte Fragen – die FAQs 57

Übungskapitel 3:
Sachlich bleiben – Neubewertung von Problemen 69
Wie werde ich gelassener? 69
Situationen, Gedanken und Gefühle 69
Das ABC-Modell 71
Anwendung des ABC-Modells 71
Und nun Sie! 76

Übungskapitel 4:
Veränderung problematischer Abläufe 83
Ab jetzt läuft es anders 83
Veränderung von Standardsituationen 83

Übungskapitel 5: Positive und negative Konsequenzen 95
Konsequenzen 95
Kurzer Ausflug in die Lerntheorie 95
Positive Konsequenzen 97
Vorsicht vor der negativen Aufmerksamkeit! 98
Die „Eskalations-Falle" 100
Systematischer Einsatz positiver Konsequenzen:
der Punkte-Plan 101
Punkte-Plan für ältere Kinder? 111
Negative Konsequenzen 112
Weitere Beispiele negativer Konsequenzen 115

Übungskapitel 6: Wirksame Aufforderungen 124
Regeln für wirksames Auffordern 124

Übungskapitel 7: Familienarbeit und Pausen 138
Wunsch nach Pausen 138
Einfach mal Pause machen 138
Die Paarzeit 142
Die Familienrunde 142

Übungskapitel 8: Ein Blick zurück 147
Was hat sich verändert? 147

Erziehungsschwierigkeiten gemeinsam meistern

Informationen und Übungen für gestresste Eltern

von

Marco Walg und Gerhard W. Lauth

HOGREFE

GÖTTINGEN · BERN · WIEN · PARIS · OXFORD · PRAG
TORONTO · BOSTON · AMSTERDAM · KOPENHAGEN
STOCKHOLM · FLORENZ · HELSINKI

Dr. Marco Walg, geb. 1980. 2001–2006 Studium der Psychologie in Frankfurt am Main. 2012 Promotion. 2006 bis 2007 Tätigkeit in den Kliniken Daun – Thommener Höhe. Seit September 2007 Tätigkeit als Klinischer Psychologe im LVR-Klinikum Düsseldorf, Abteilung für Kinder- und Jugendpsychiatrie. 2012 Approbation als Psychologischer Psychotherapeut. Arbeitsschwerpunkte: Kinder- und Jugendpsychiatrie, Verhaltenstherapie.

Prof. Dr. Gerhard W. Lauth, geb. 1947. 1968–1974 Studium der Psychologie in Mainz. 1979 Dissertation. 1983 Habilitation. 1975–1992 Wissenschaftlicher Mitarbeiter an der Erziehungswissenschaftlichen Hochschule Rheinland-Pfalz und an der Universität Oldenburg. 1992–1997 Professor für Entwicklungsförderung und Rehabilitation an der Universität Dortmund. Seit 1997 Professor für Psychologie und Psychotherapie an der Universität zu Köln. Arbeitsschwerpunkte: Psychotherapie bei Verhaltens- und Entwicklungsstörungen, Verhaltenstherapie, Klinische Entwicklungspsychologie.

Bibliografische Information der Deutschen Nationalbibliothek

Die Deutsche Nationalbibliothek verzeichnet diese Publikation in der Deutschen Nationalbibliografie; detaillierte bibliografische Daten sind im Internet über http://dnb.dnb.de abrufbar.

© 2014 Hogrefe Verlag GmbH & Co. KG
Göttingen · Bern · Wien · Paris · Oxford · Prag · Toronto · Boston
Amsterdam · Kopenhagen · Stockholm · Florenz · Helsinki
Merkelstraße 3, 37085 Göttingen

http://www.hogrefe.de
Aktuelle Informationen · Weitere Titel zum Thema · Ergänzende Materialien

Umschlagabbildung: © Gorilla – Fotolia.com
Illustrationen: Klaus Gehrmann, Freiburg; www.klausgehrmann.net
Satz: ARThür Grafik-Design & Kunst, Weimar
Gesamtherstellung: Media-Print Informationstechnologie GmbH, Paderborn
Printed in Germany
Auf säurefreiem Papier gedruckt

ISBN 978-3-8017-2621-8

Schlusskapitel: Wo gibt es weitere Unterstützung? 151
Elterntraining 151
Selbsthilfegruppen 152
Bundeskonferenz für Erziehungsberatung 152
Kinder- und Jugendhilfe 153
Schulpsychologischer Dienst 154
Kinder- und Jugendlichenpsychotherapeuten 154
Institutsambulanz der Kinder- und Jugendpsychiatrie 155
Ratgeber für Eltern psychisch kranker Kinder 156

Literatur 157

Vorwort:
Ziele und Aufbau dieses Buches

Für wen wurde dieses Buch geschrieben? Und warum?

Zu Beginn möchten wir Ihnen sagen, welches Ziel mit diesem Buch verfolgt wird und für wen es geschrieben wurde. Außerdem wird erläutert, wieso intuitive oder spontane Erziehungsmaßnahmen manchmal im Erziehungsalltag nicht die erwünschte Wirkung zeigen oder sogar das Gegenteil bewirken.

Die Zielgruppe

Sie erziehen ein Kind im Alter zwischen 4 und 13 Jahren? Glückwunsch! Sie gehören zur engeren Zielgruppe! Dieses Buch richtet sich zwar insbesondere an Eltern von Kindern in diesem Alter, jedoch nicht ausschließlich. Ziel dieses Buches ist die Verbesserung der Erziehungskompetenz. Wenn Sie also von sich selbst sagen, dass Sie
- gerne Ihre Erziehungskompetenz erhöhen möchten,
- sich in manchen Situationen mit Ihrem Kind hilflos oder ratlos fühlen,
- die Beziehung zu Ihrem Kind verbessern möchten,
- gerne konsequenter wären,
- sich weniger Stress im Alltag mit Ihrem Kind wünschen,
- einfach gerne ein paar Tipps zur Erziehung hätten
- oder
- wirksame Erziehungsmethoden kennenlernen und mehr über Erziehungskonzepte im Allgemeinen erfahren möchten,

dann sollten Sie weiterlesen. Ihre Interessen stimmen mit den Zielen dieses Buches überein.

Warum noch ein Buch über Erziehung?

Es gibt mittlerweile zahlreiche „Ratgeber" zur Erziehung, die Hilfe bei aggressivem Verhalten, Trotzverhalten, hyperaktivem Verhalten, Schlafstörungen, Essstörungen usw. versprechen. Warum also noch ein Buch über Erziehung?

Antwort: Weil dieses Buch kein allgemeiner Ratgeber, sondern ein Übungsbuch ist. Darin wird ein Übungsprogramm vorgestellt, das Ihre Erziehungskompetenz erhöhen kann. Das Programm basiert auf dem Konzept des Kompetenztrainings für Eltern sozial auffälliger Kinder – KES (Lauth & Heubeck, 2006). Mehrjährige Erfahrungen als Elterntrainer haben zur Idee dieses Buches geführt. Die Inhalte werden Ihnen so vorgestellt, dass Sie das Programm im Selbststudium durchlaufen können. Durch die Bearbeitung der Übungskapitel gehen Sie Schritt für Schritt schwierige Erziehungssituationen an. Sie haben dabei sehr viele Freiheiten:

- Sie legen Ihre eigenen Ziele fest,
- Sie selbst wählen schwierige Situationen aus, die Sie verändern möchten (z. B. Zubettgehen oder Hausaufgaben),
- Sie selbst bestimmen, wie intensiv Sie sich mit den Übungen auseinandersetzen.

Aufbau des Buches

Das Buch umfasst drei Teile: Einführung, Übungsteil und Schlusskapitel.

Die *Einführung* vermittelt in zwei Kapiteln Informationen über Erziehung im Allgemeinen und über erschwerende Erziehungsbedingungen. Dieser „Theorieteil" ist bewusst knapp gehalten, weil das Übungsprogramm im Vordergrund steht. Bei Fragen hinsichtlich der wichtigsten Entwicklungsschritte von Kindern, Schlaf, Sauberkeit, Ernährung von Kindern usw. sollten Sie eines der zahlreichen allgemeinen Erziehungshandbücher zu Rate ziehen.

Der *Übungsteil* umfasst acht Kapitel. In den Übungskapiteln 1 bis 7 werden Ihnen Methoden zur Verbesserung der Erziehungskompetenz vorgestellt. Sie zeigen sieben Schritte zur Lösung von schwierigen Erziehungssituationen. Sie sollten ein Kapitel pro Woche bearbeiten. Machen Sie sich zunächst durch das Lesen eines Kapitels mit den darin vorgestellten Methoden vertraut. Setzen Sie anschließend an den folgenden Tagen die angelesene Theorie in die Praxis um und führen Sie die vorgeschlagenen Übungen durch. Versuchen Sie möglichst viele Anregungen umzusetzen. Dadurch entdecken Sie die Methoden, die für Sie wirksam sind und auch zu Ihnen und Ihrer Familie passen. Die vorgeschlagenen Methoden sind nachweislich wirksam. Sie müssen aber selbst entscheiden, ob Sie sie anwenden wollen und ob sie in Ihrer Familie anwendbar sind. Jede Familie ist anders und braucht andere Unterstützung. Das achte Übungskapitel zeigt, wie Sie für sich selbst überprüfen können, zu welchen Veränderungen die angewandten Methoden in Ihrer Familie geführt haben.

Das *Schlusskapitel* informiert darüber, wo Sie weiteren Rat und Unterstützung bei allgemeinen und spezifischen Erziehungsschwierigkeiten finden.

Dieses Buch ist so aufgebaut, dass Ihnen Informationen und Methoden vermittelt werden, die in der Erziehung wirksam sind. Allein das Lesen steigert also schon Ihre Erziehungskompetenz, weil Sie Ihr Wissen vergrößern. Es soll jedoch nicht beim „theoretischen Wissen" bleiben. Deshalb werden detaillierte Anleitungen zur praktischen Umsetzung vermittelt. Sie erhalten Anregungen, wie Sie das Wissen im Erziehungsalltag umsetzen und beispielsweise Ihr Kind ohne Theater zu Bett bringen oder die Hausaufgaben reibungslos ablaufen. Dabei haben Sie die Wahl, wann und bei welchen Schwierigkeiten Sie eine Methode ausprobieren und sich zu eigen machen. So können Sie mit diesem Übungsbuch die Lücke zwischen Theorie und praktischer Anwendung schließen.

Nach Bearbeitung der Übungskapitel werden Sie Ihre Erziehungskompetenz durch theoretisches Wissen und praktische Erfahrung erhöht haben. Sie werden dann wirksame Erziehungsmethoden kennen und

diese in verschiedenen Situationen des Familienalltags anwenden können. So können Sie bei neuen Schwierigkeiten, die es bei Kindern in
ihrer Entwicklung immer wieder gibt, auf ein sicheres Repertoire an
wirksamen Methoden zurückgreifen und diese in zukünftigen schwierigen Situationen anwenden.

Haben Sie Geduld!

Probleme lösen sich meist nicht über Nacht und problematische Verhaltensweisen verschwinden nicht schlagartig. Denn jeder Mensch hat
seinen eigenen Verhaltensstil, eigene Gewohnheiten und ein eigenes
Temperament. Zufriedenstellende Veränderungen gelingen dann, wenn
Eltern und Kind sich aufeinander einstellen. Jeder passt sich ein bisschen an die anderen an. Im Idealfall stimmen Eltern und Kinder ihr
Verhalten so ab, dass es den Bedürfnissen aller gerecht wird. Es ist also
nicht zielführend, nur schnell das schwierige Verhalten der Kinder „ab-
stellen" zu wollen. Alle Familienmitglieder müssen aufeinander zuge-
hen. Auch Sie müssen zu Veränderungen bereit sein. Sie verbringen
nicht nur viel Zeit im Alltag mit Ihrem Kind, sondern haben eine lange
gemeinsame Lebensspanne vor sich. Da ist es vorteilhaft, wenn Sie
beide sich so aufeinander einstellen, dass eine verlässliche und liebevolle Beziehung entsteht. Dafür ist häufig Geduld notwendig. Nehmen
Sie sich daher die Zeit, die vorgeschlagenen Methoden auszuprobieren.

Sie werden ca. acht Wochen für die Umsetzung des Übungsprogramms
benötigen. Sie sollten jede Woche nur ein Übungskapitel lesen und an
den Folgetagen die Übungen umsetzen. Nehmen Sie sich diese Zeit
und gehen Sie die Kapitel Schritt für Schritt durch. Auch wenn sich
nicht sofort Erfolge zeigen, sollten Sie die Flinte nicht frühzeitig ins
Korn werfen! Wie beim Erlernen eines neuen Musikinstruments stellen sich auch bei der Erziehung keine Meisterleistungen von heute auf
morgen ein. Wichtig ist, dass Sie am Ball bleiben und sich auch über
kleine Fortschritte freuen können.

Wir hoffen, dass Sie dieses Buch mit Gewinn lesen können. Wir wünschen Ihnen Freude bei der Lektüre, Ausdauer und Disziplin bei der Umsetzung sowie schließlich viel Erfolg!

Köln, im Januar 2014   Dr. M. Walg und
                                                Prof. Dr. G. W. Lauth

Teil I

Einführung

Informationskapitel 1:
Definition der Erziehung

Erziehung – was ist das überhaupt?

Viele Menschen verstehen unter Erziehung lediglich das Vermitteln von Regeln und die Kontrolle der Regeleinhaltung. So hört man denn auch manchmal bei einer Regelübertretung des Kindes in der Öffentlichkeit den Vorwurf: „Ihr Kind ist nicht erzogen!". Bei diesem Vorwurf wird Erziehung mit Regelbefolgung gleichgesetzt. Das ist aber nur ein kleiner Teil von Erziehung. Es wäre fahrlässig, Erziehung auf das Lehren und die Kontrolle von Regeleinhaltung zu beschränken. Erziehung ist viel mehr.

In diesem Kapitel wird erläutert, was unter Erziehung zu verstehen ist. Wenn Sie Ihre Erziehungskompetenz steigern möchten, sollten Sie ja zunächst wissen, worum es genau geht.

Was sagt der Gesetzgeber?

Nach Artikel 6 unseres Grundgesetzes sind Pflege und Erziehung der Kinder Recht und Pflicht der Eltern. Aus den Artikeln 1 und 2 des Grundgesetzes ist ableitbar, dass
- die Würde des Kindes zu schützen ist,
- das Kind ein Recht auf körperliche Unversehrtheit hat und
- das Kind eine eigenverantwortliche Persönlichkeit entwickeln soll.

Im Titel 5 des Bürgerlichen Gesetzbuches wird die „elterliche Sorge" geregelt. Demnach tragen die Eltern die Sorge für die Person des Kindes (§ 1626). Bei der Pflege und Erziehung sollen Eltern die wachsenden Fähigkeiten sowie das wachsende Bedürfnis nach selbstständigem und verantwortungsbewusstem Handeln ihres Kindes berücksichtigen. Kinder haben ein Recht auf gewaltfreie Erziehung. Körperliche Bestrafungen, seelische Verletzungen (beispielsweise Erniedrigungen) und andere entwürdigende Maßnahmen sind unzulässig (§ 1631). Von juristischer Seite wird Erziehung also über Ziele und Unzulässigkeiten bestimmt. Eine genaue Definition von „Erziehung" bleibt jedoch aus.

Was sagen die Sachverständigen?

Geht es vor Gericht um die Frage einer Kindeswohlgefährdung, wird vom Familiengericht häufig ein sogenanntes „Sachverständigengutachten" zur Prüfung der „Erziehungsfähigkeit" in Auftrag gegeben. Der Begriff der Erziehungsfähigkeit ist vom Gesetzgeber nicht genauer gefasst. Die ernannten Sachverständigen prüfen jedoch in der Regel vier Gesichtspunkte (Kindler et al., 2006):

- Pflege und Versorgung,
- Bindung,
- Vermittlung von Regeln und Werten,
- Förderung des Kindes.

Die vier Aspekte werden im Folgenden kurz erläutert.
1. *Pflege und Versorgung:* Dieser Aspekt bezieht sich auf die Grundversorgung eines Kindes. Es soll gewährleistet sein, dass das Kind nicht hungert und nicht durstet. Das Kind soll an einem angemessenen Wohnort aufwachsen. Es braucht ein Dach über dem Kopf, einen Schlafplatz, Schutz vor Kälte, Nässe, Krankheiten. Eltern müssen medizinische Versorgung und Hygiene gewährleisten.
2. *Bindung:* Eltern sollen eine stabile und liebevolle Beziehung zu ihrem Kind aufbauen. Sie sollen ihrem Kind eine unterstützende Vertrauensperson sein. Dazu ist es notwendig, dass die Eltern Zeit mit ihrem Kind verbringen, mit ihm spielen, es bei Aufgaben unterstützen, Hilfe und Ermutigung bei Schwierigkeiten geben, fürsorglich sind. Das Kind sollte darauf vertrauen können, dass die positive Beziehung zu seinen Eltern Bestand hat, also stabil ist und die liebevolle Beziehung auch nach einem Streit fortbesteht.
3. *Vermittlung von Regeln und Werten:* Kinder sollen die in ihrer Gesellschaft geltenden Regeln und Werte erlernen. Die Eltern haben die Aufgabe, diese Regeln und Werte zu vermitteln und auf deren

Einhaltung zu achten. Eltern leben beispielsweise vor, wie man sich in Gesellschaft verhält oder Konflikte löst.

4. *Förderung:* Dieser Aspekt bezieht sich auf die kognitive oder geistige Förderung des Kindes. Es soll also die Entwicklung des Kindes gefördert werden. Hierzu sollen Eltern beispielsweise ihren Kindern eine anregungsreiche Umgebung bieten, die viele Lernchancen eröffnet. Die Eltern sollen Vorbild sein und ihrem Kind altersangemessene Fähigkeiten beibringen. Auch die Einhaltung der Schulpflicht gehört zur Förderung. Falls ein Kind in seiner Entwicklung Defizite oder Verzögerungen aufweist, z. B. eine Lese- und Rechtschreibschwäche, sollten die Eltern eine entsprechende Förderung ermöglichen. Zur Förderung gehört auch, das Kind in seiner Identitätsentwicklung und später in seinen Selbstständigkeitsbestrebungen, bei der Ablösung vom Elternhaus, zu unterstützen.

Personen gelten als „erziehungsfähig", wenn sie die vier Kriterien der Erziehungsfähigkeit erfüllen. Die Vermittlung von Regeln stellt also nur einen Aspekt der Erziehungsfähigkeit dar und darf nicht mit Erziehung gleichgesetzt werden. Erziehung ist viel mehr!

Wenn sich Ihr Kind also öfter nicht an Regeln hält, heißt das noch lange nicht, dass Sie Ihr Kind nicht erziehen können. Es mag sein, dass dieser Aspekt der Erziehung für Sie und Ihr Kind zeitweise schwerer zu erreichen ist als die anderen Kriterien. Gut, wenn Sie trotzdem an Ihren Zielen festhalten und diese Schwierigkeiten überwinden wollen. Das ist sehr lobenswert und vorbildlich. Betrachten Sie doch einmal alle vier Kriterien der Erziehungsfähigkeit und schauen Sie, welche Aspekte Sie leicht erreichen können, welche Kriterien Sie gut erfüllt haben.

Was sagen Pädagogen und Psychologen?

Im Rahmen der Erziehung sollen Eltern erwünschte Verhaltensweisen ihrer Kinder fördern. Ziel ist es, dass aus Kindern selbstständige, verantwortungsvolle und leistungsfähige Individuen werden. Hurrelmann formuliert in seiner Definition von Erziehung, dass Erwachsene *versu-*

chen, das erwünschte Verhalten zu fördern und die Persönlichkeitsentwicklung positiv zu beeinflussen. Seine Wortwahl macht deutlich, dass
es in der Erziehung keine Erfolgsgarantie gibt. Erziehungspersonen
müssen sich also auf Misserfolgserlebnisse und Rückschritte einstellen.

Definition der Erziehung nach Hurrelmann (1994)

„Erziehung ist die soziale Interaktion zwischen Menschen, bei der ein
Erwachsener planvoll und zielgerichtet versucht, bei einem Kind unter
Berücksichtigung der Bedürfnisse und der persönlichen Eigenart des
Kindes erwünschtes Verhalten zu entfalten oder zu stärken. Erziehung
ist ein Bestandteil des umfassenden Sozialisationsprozesses; der Bestandteil nämlich, bei dem von Erwachsenen versucht wird, bewusst in
den Prozess der Persönlichkeitsentwicklung von Kindern einzugreifen
– mit dem Ziel, sie zu selbstständigen, leistungsfähigen und verantwor-
tungsvollen Menschen zu bilden."

Auf den Aspekt möglicher Misserfolgserlebnisse weist auch die Psy-
chologin Gudrun Görlitz (2010, S. 179) hin: „Erziehung heißt also Ein-
üben, Wiederholen, Trainieren, Auffrischen". Sie betont, dass auch Erziehung den Lerngesetzen unterliegt. So wie Vokabeln nach einmaligem
Lesen nicht dauerhaft im Gedächtnis bleiben und so wie man das Auto-
fahren nicht an einem Tag, sondern mühevoll und zeitaufwändig erst in
Theorie und dann in Praxis erlernen muss, so ist auch Erziehung ein
Prozess, in dem nicht alles sofort gelingt. Es gehört daher zum Erziehungsalltag, Kinder immer wieder, vielleicht sogar täglich an bestimmte
Regeln zu erinnern und die Regeleinhaltung einzufordern. Sie sollten
sich dadurch nicht frustrieren lassen und schon gar nicht an Ihren Qua-
litäten als Erziehungsperson zweifeln. Machen Sie sich bewusst, dass
Erziehung auch Lernen bedeutet. Wiederholungen und Übungen gehören dazu – das gilt sowohl für Ihr Kind als auch für Sie als Erziehungsperson. Auch Sie dürfen lernen, Fehler machen, wiederholen und üben.

Es wird zwischen verschiedenen Erziehungsstilen unterschieden. Viele
Studien zeigen, dass Kinder von einem *autoritativen Erziehungsstil* am
meisten profitieren. Der autoritative Erziehungsstil ist gekennzeichnet
durch eine Kombination von elterlicher Wärme und Kontrolle. Auto-

ritative Eltern begegnen ihren Kindern liebevoll, verständnisvoll und einfühlsam; gleichzeitig werden Grenzen gesetzt, Regeln aufgestellt und die Einhaltung der Regeln konsequent durchgesetzt. An das Kind werden Erwartungen gestellt und Aufgaben erteilt, die dem Alter und Entwicklungsstand des Kindes entsprechen, um Über- und Unterforderung zu vermeiden. Die Kinder erhalten ihrem Alter entsprechend ausreichend Freiheiten, um die Entwicklung einer Persönlichkeit mit eigenen Einstellungen und ihre Selbstständigkeit zu fördern.

Von einem autoritativen Erziehungsstil profitieren Kinder und Jugendliche. Autoritativ erzogene Menschen erreichen im Durchschnitt bessere Schulleistungen, sind vergleichsweise selbstständiger, selbstbewusster und sozial kompetenter, vergleichsweise seltener depressiv sowie seltener aggressiv und sozial auffällig.

Das Wichtigste in Kürze:

1. Erziehung ist deutlich mehr als die Vermittlung von Regeln. Zur Erziehung gehören auch die Versorgung des Kindes, der Aufbau einer liebevollen Beziehung und Förderung.
2. Ziel von Erziehung ist es, dass aus Kindern selbstständige, verantwortungsvolle und leistungsfähige Persönlichkeiten werden.
3. Erziehung ist ein langer Lernprozess, zu dem auch Misserfolgserlebnisse und Rückschritte gehören. Wiederholen von Regeln, Erinnerungen, Übungen sind ein ganz normaler Bestandteil des Lernens.
4. Kinder und Jugendliche profitieren von einem Erziehungsstil, der durch eine Kombination von elterlicher Wärme und Kontrolle gekennzeichnet ist.

Eigene Notizen:

Informationskapitel 2:
Erschwerende Erziehungsbedingungen

Wenn Erziehung schwierig wird

In der Erziehung beeinflussen sich Kinder und Eltern gegenseitig. Manchmal machen es Kinder ihren Eltern einfach, manchmal aber auch ausgesprochen schwer. Wir gehen davon aus, dass Eltern grundsätzlich gute Absichten bei ihrer Erziehung verfolgen und ihr Bestes geben. Schwierigkeiten und Auseinandersetzungen gehören aber selbst in den besten Familien zum Erziehungsalltag dazu. Dabei können sich auch schwierige Situationen ergeben, die nicht schnell oder mitunter gar nicht lösbar scheinen. Die Schwierigkeiten können so festgefahren sein, dass sich Kinder und Erwachsene aufreiben und keinen Ausweg mehr finden. Ursache solcher scheinbar unlösbaren Probleme ist häufig eine sogenannte *gegenseitige Zwangsinteraktion* zwischen Kind und Erziehungsperson.

In diesem Kapitel wird zunächst erläutert, welche Merkmale auf Seiten eines Kindes die Erziehung erschweren können. Anschließend wird das Modell der Zwangsinteraktion (Coersion) dargestellt.

Eigenschaften eines Kindes, die Erziehung erschweren

Eltern, die mehrere Kinder haben, machen meistens die Erfahrung, dass ihre Kinder sehr verschieden sind. Die gleichen Erziehungsmethoden können sich bei dem einen Kind ganz anders auswirken als beim anderen Kind. Jeder Mensch ist eben anders und ganz besonders. Dass jedes Kind einzigartig ist, lässt sich natürlich schon an Äußerlichkeiten festmachen. Viele Geschwisterkinder haben unterschiedliche Augenfarben, Haarfarben, Körperbau, individuelle Gesichtszüge, einzigartige Fingerabdrücke oder ein unterschiedliches Geschlecht. Mit Ausnahme des Geschlechts sollten diese äußerlichen Merkmale keinen Einfluss auf die

Erziehung nehmen. Das Geschlecht spielt insofern eine besondere Rolle, da rein statistisch betrachtet Jungen häufiger aggressiv und verhaltensauffällig sind als Mädchen. Solche Ergebnisse gehen jedoch nicht auf die äußerlichen Geschlechtsmerkmale zurück, sondern auf andere biologische Faktoren, beispielsweise auf den höheren Testosteronspiegel bei Jungen.

Kinder unterscheiden sich jedoch nicht nur rein äußerlich voneinander, sondern auch in ihren „inneren Werten". Viele Studien haben gezeigt, dass bestimmte Merkmale oder Eigenschaften sogenannte *Risikofaktoren* für eine gesunde Entwicklung darstellen und die Erziehung erschweren können (Beelmann & Raabe, 2007; Bengel et al., 2009). Zu diesen Faktoren zählen:
1. Schwieriges Temperament,
2. Geringe Selbstkontrolle,
3. Unterdurchschnittliche Intelligenz,
4. Geringe Soziale Kompetenz.

Die einzelnen Faktoren sowie ihre Einflüsse werden im Folgenden kurz erläutert.

1. Temperament: Unter „Temperament" werden zeitlich stabile Eigenschaften zusammengefasst, wie Emotionalität, Aktivität sowie Aufmerksamkeit und Ausdauer. Kinder mit einem *schwierigen Temperament* zeigen ausgeprägte negative Emotionen. Sie reagieren beispielsweise stark auf Kleinigkeiten, sodass bereits eher unbedeutende Auseinandersetzungen mit unangemessen heftigem Ärger, Wutausbrüchen oder mit explosionsartigem Schreien und Weinen beantwortet werden. Die Kinder sind dann nur schwer wieder zu beruhigen. Ein schwieriges Temperament ist zudem durch starke motorische Unruhe, kurze Aufmerksamkeitsspanne und Impulsivität gekennzeichnet. Betroffene Kinder wirken daher oft zappelig, können nicht lange sitzen bleiben, scheinen ständig in Bewegung zu sein, sind oft sehr laut; sie lassen sich leicht ablenken, vermeiden ungeliebte Aufgaben wie Hausaufgaben und bringen angefangene Tätigkeiten oft nicht zu Ende; sie haben oft Schwierigkeiten, auf etwas zu warten, platzen mit ihren Antworten heraus oder reden übermäßig viel.

Ein schwieriges Temperament erschwert es den Erziehungspersonen, dem Kind Regeln und Werte zu vermitteln. Zudem erhöht ein schwieriges Temperament meist das Belastungsniveau in der Familie. Die betroffenen Kinder werden häufiger von Gleichaltrigen abgelehnt und haben ein erhöhtes Risiko, später eine psychische Störung zu entwickeln und strafrechtlich auffällig zu werden.

2. *Selbstkontrolle:* Selbstkontrolle ist die Fähigkeit, kurzfristig auf etwas zu verzichten oder einen Wunsch zurückzustellen, um mittel- oder langfristig einen größeren Vorteil zu erreichen oder einen Nachteil zu vermeiden. Beispielsweise möchte ein Jugendlicher in einem Geschäft unbedingt eine Hose haben, hat aber nicht ausreichend Geld dafür. Bei hoher Selbstkontrolle wird der Jugendliche weiter sparen, um sich seinen Wunsch mittelfristig erfüllen zu können. Eine geringe Selbstkontrolle könnte dazu führen, dass er frustriert eine günstigere Hose kauft oder die Hose klaut; er würde also nur einen kurzfristigen Vorteil im Blick haben. Geringe Selbstkontrolle ist also durch das Verlangen nach sofortiger Bedürfnisbefriedigung gekennzeichnet. Hierbei werden dann nur die kurzfristigen Vorteile gesehen und mögliche langfristige Nachteile übersehen oder billigend in Kauf genommen. Einer Person mit geringer Selbstkontrolle fällt es beispielsweise schwer, auf etwas Größeres hin zu sparen, da das verfügbare Geld meist sofort für Kleinigkeiten ausgegeben wird. Hausaufgaben werden nicht erledigt, weil Treffen mit Freunden oder Computerspiele kurzfristig angenehmer sind; die langfristigen negativen Konsequenzen in Form von schlechten Noten, Konflikten mit Eltern, Ärger mit Lehrern werden ausgeblendet.

Geringe Selbstkontrolle erschwert die Erziehung und erhöht das Risiko für Verhaltensauffälligkeiten.

3. *Intelligenz:* Durchschnittliche Intelligenz, gute Leistungsmotivation und daraus resultierende Erfolgserlebnisse in der Schule erleichtern die Erziehung und senken das Risiko für die Entwicklung einer psychischen Störung.

Unterdurchschnittliche Intelligenz führt hingegen häufig zu Misserfolgserlebnissen in der Schule, was zu Lustlosigkeit führen und lang-

fristig ein geringes Selbstwertgefühl bewirken kann. In diesem Fall benötigen die Kinder deutlich mehr Unterstützung beim Lernen und den
Schularbeiten von ihren Eltern. Die Hausaufgabensituation kann sich
dann in die Länge ziehen. Oft müssen Eltern die Kinder immer wieder
zum Weitermachen motivieren und auffordern. Solche Situationen stellen hohe Ansprüche an die Erziehungskompetenz der Eltern und erhöhen die emotionale Belastung in der Familie. Eine niedrige Intelligenz
erschwert dem Kind zudem das Lernen von Regeln. Eltern betroffener
Kinder müssen also auch hier deutlich mehr liebevolle Unterstützung
zeigen und Geduld aufbringen.

4. Soziale Kompetenz: Hierunter versteht man Fertigkeiten, die es einem
Kind bzw. Jugendlichen ermöglichen, sich an die geltenden Regeln
einer Gesellschaft anzupassen und eigene Interessen in angemessener
Weise durchzusetzen. Kinder und Jugendliche mit hoher sozialer Kompetenz sind bereit, Aufgaben in einer Gruppe zu übernehmen, bieten
anderen ihre Hilfe an, sind ehrlich, halten ihre Versprechen, setzen sich
selbstsicher für ihre Rechte ein, kennen und akzeptieren die geltenden
Regeln; sie sind einfühlsam und können sich gut in die Situation von
anderen Personen hineinversetzen.

Kinder und Jugendliche mit niedriger sozialer Kompetenz sind meist
weniger kommunikativ. Über ihre Bedürfnisse, ihren Ärger oder ihre
Belastungen sprechen sie oft zu spät oder gar nicht. So tragen sie un-
willentlich selbst dazu bei, dass sich ihre Probleme vergrößern und festigen. Sie verhindern eine rasche und gute Lösung ihrer Probleme, weil
Eltern, Lehrer oder Mitschüler nicht einbezogen und nicht frühzeitig
informiert werden. Stattdessen versuchen diese Kinder und Jugendliche, ihre Probleme oft durch unangemessene, beispielweise aggres-
sive Verhaltensweisen zu lösen. Dadurch geraten sie oft in Konflikt mit
Autoritätspersonen und Gleichaltrigen.

Niedrige soziale Kompetenzen wirken sich sehr negativ auf die Eltern-
Kind-Beziehung aus. Sie führen oft zum Verlust von Freundschaften,
Ärger in der Schule und im Verein. Dadurch erhöht sich die Belastung
auch für die Familie. Soziale Kompetenzen sind grundsätzlich erlern-
bar und somit auch durch Erziehung positiv zu beeinflussen.

Schlussfolgerungen: Erziehung wird als ein wechselseitiges Geschehen betrachtet. Eltern und Kinder beeinflussen sich gegenseitig: Eltern nehmen mit ihren Erziehungsmethoden Einfluss auf das Kind. Das Kind wiederum beeinflusst den Erziehungsstil der Eltern. Dieses Zusammenspiel kann durch mehrere Risikofaktoren erschwert werden. Ein schwieriges Temperament, geringe Selbstkontrolle, unterdurchschnittliche Intelligenz und geringe soziale Kompetenzen führen häufig zu einem strafenden Erziehungsstil auf Seiten der Eltern. Dieser Erziehungsstil zeichnet sich durch viele negative Konsequenzen, häufiges Schimpfen, wenig positive Zuwendung und mangelnde positive Anleitung aus. Häufig entwickelt sich dann eine gegenseitige Zwangsinteraktion, die im folgenden Abschnitt beschrieben wird.

Erziehung in der Sackgasse – gegenseitige Zwangsinteraktion

Das Modell der Coersion (gegenseitige Zwangsinteraktion) beschreibt, dass sich Eltern und Kinder gegenseitig durch unangenehme, strafende Verhaltensweisen zum Wohlverhalten im eigenen Sinne zwingen. Durch Drohungen, Kritik, Distanzierung oder Aggressionen wird versucht, eigene Ziele durchzusetzen. Das beruht auf der Erfahrung, dass diese für den anderen unangenehmen Handlungen noch am ehesten zum gewünschten Ziel geführt haben. Das Kind hat beispielsweise nach lautem Brüllen an der Supermarktkasse doch noch eine Süßigkeit erhalten; der Mutter ist es gelungen, durch heftiges Schimpfen und Androhung harter Strafen das Kind doch noch zum Aufräumen zu bewegen; der Vater hat durch Schreien und Drohen doch noch erreicht, dass das Kind den Fernseher ausschaltet und ins Bett geht. Das laute Brüllen war für die Erziehungsperson und das heftige Schimpfen und Schreien für das Kind sicherlich unangenehm. Aus Sicht des Kindes war das Brüllen aber eine super Sache, weil erfolgsgekrönt. Ebenso kann sich die Erziehungsperson in ihrem Verhalten bestätigt fühlen, weil das Schimpfen doch noch zum Aufräumen führte oder Schreien und Drohen bewirkte, dass der Fernseher ausgeschaltet wurde. Eltern und Kind haben also für sich gelernt, dass unangenehmes, strafendes Verhalten gut geeignet ist, um eigene Wünsche durchzusetzen.

Dieser Lerneffekt führt dazu, dass Kind und Erziehungsperson in Zukunft häufiger unangenehme Handlungen oder „Bestrafungen" einsetzen, um ein Ziel zu erreichen. Meist kommt es auf beiden Seiten un-
bewusst zu einer Steigerung der unangenehmen Handlungen in ihrer
Häufigkeit und Intensität. Wenn beispielsweise das Brüllen an der Supermarktkasse erfolgreich war, sollte es aus Sicht des Kindes doch auch
beim Bäcker und an der Tankstelle etwas bewirken; und wenn das Brüllen den Elternteil einmal nicht zum Nachgeben bewegt, war das Brüllen vielleicht noch nicht lange und laut genug. Ebenso kann die Erziehungsperson künftig auch bei anderen Gelegenheiten heftig schimpfen
und bei ausbleibender Wirkung in der Lautstärke steigern und mit Drohungen und Strafen verknüpfen.

Auf diese Weise wird eine negative Entwicklung in Gang gesetzt, die
nur schwer aufzuhalten ist. Kind und Erziehungsperson verstricken
sich in Machtkämpfe und versuchen sich gegenseitig durch unangenehme und strafende Verhaltensweisen zu „Wohlverhalten" zu zwingen (gegenseitige Zwangsinteraktion). Im Verlauf werden die Handlungen immer extremer bis hin zu körperlich aggressivem Verhalten.
Die Eltern-Kind-Beziehung wird bei dieser Entwicklung zunehmend
schlechter; positives Miteinander wird allmählich zur Ausnahme. Kind
und Erziehungsperson haben sich möglicherweise unversöhnlich auf-
gerieben und sehen keinen Ausweg aus dieser Sackgasse.

Erziehung in der Sackgasse – ein Beispiel

Vater Rathloss sitzt am Frühstückstisch und liest die Zeitung. Er hat
sich angewöhnt, jeden Morgen eine halbe Stunde früher als nötig auf-
zustehen, damit er wenigstens 30 Minuten Ruhe hat, bevor sein 8-jäh-
riger Sohn Jason aufsteht. Vater Rathloss hört den Wecker im Kinderzimmer klingeln. Keine Reaktion. Der Wecker klingelt und klingelt
und klingelt. „Jeden Morgen das gleiche Theater!", denkt Vater Rathloss. Genervt legt er seine Zeitung zur Seite und geht ins Kinderzimmer, schaltet das Licht an. Jason liegt im Bett, hat die Decke über den
Kopf gezogen. Vater Rathloss haut auf die Stop-Taste, sodass der Wecker verstummt. Er zieht seinem Sohn die Bettdecke weg und me-
ckert: „Hörst Du den Wecker nicht? Steh endlich auf und geh ins
Bad!". Er verlässt das Kinderzimmer. Jason ruft: „Lass mich in Ruhe,
ich will noch 5 Minuten schlafen!" und zieht sich wieder die Decke
über den Kopf. Nach 5 Minuten stampft Vater Rathloss wütend er-

neut ins Kinderzimmer. Mit Wucht zieht er die Decke aus dem Bett und wirft sie auf den Boden. Jason brüllt: „Lass mich in Ruhe! Ich will noch schlafen! Ich will nicht zur Schule gehen!". Vater Rathloss brüllt zurück: „Du gehst jetzt sofort ins Bad! Ich zähle bis 10, wenn Du dann nicht im Bad bist, erlebst Du ein Donnerwetter!". Er beginnt zu zählen. Jason schaut ihn wütend an, setzt sich mit verschränkten Armen im Bett auf. 10! Vater Rathloss packt seinen Sohn fest am Arm, zieht ihn aus dem Bett und hinter sich her ins Badezimmer. Er droht: „Wenn Du in 10 Minuten nicht fertig bist, verschenke ich Deine neuen Fußballschuhe und Du hast eine Woche Hausarrest! Dieses Mal meine ich es ernst!". Jason gehorcht.

Vater Rathloss hat mit Lautstärke, körperlichem Einsatz und Drohungen seinen Sohn zum gewünschten Verhalten gezwungen.

Vater Rathloss ist froh, dass er jetzt noch einmal ein paar Minuten Ruhe hat. Er räumt die Spülmaschine aus. Kurze Zeit später kommt Jason in die Küche, setzt sich an den Tisch und sagt, dass er heute einen Donut zum Frühstück wolle. Sein Vater erwidert: „Wir haben keinen Donut. Du kannst Toast, Müsli oder Joghurt haben". Jason entgegnet: „Das will ich Alles nicht. Ich will einen Donut. Gib mir einfach Geld, dann kaufe ich mir einen Donut beim Bäcker vor der Schule!". Sein Vater besteht darauf, dass zu Hause gegessen wird. Es entsteht eine lauter werdende Diskussion. Vater Rathloss weiß, dass dies auch ein Kampf gegen die Zeit ist, er gerät zunehmend in Stress. Er brüllt lauter, um seiner Forderung Nachdruck zu verleihen. Plötzlich springt Jason von seinem Stuhl auf und schreit: „Ich esse, was ich will! Dann geh ich heute eben gar nicht in die Schule!". Er rennt aus der Küche ins Badezimmer. Vater Rathloss rennt hinterher, ist jedoch zu langsam. Sein Sohn hat sich bereits im Bad eingeschlossen. Vater Rathloss ist aufgebracht, hämmert gegen die Tür und droht lautstark: „Wenn Du nicht sofort rauskommst, dann kannst Du was erleben!". Jason weigert sich hartnäckig und besteht auf seinen Donut. Da Vater Rathloss nicht wieder zu spät zur Arbeit kommen will, willigt er schließlich ein, seinem Sohn 2 Euro für einen Donut zu geben.

Jason hat mit Diskussion, Verweigerung, Trotz und Ungehorsam sein Ziel erreicht und seinen Vater schließlich zum Nachgeben gezwungen.

Vater und Sohn verstricken sich in Machtkämpfe. Beide versuchen, ihre Ziele durch unangenehme Handlungen durchzusetzen. Ein unbeschwertes Miteinander findet nicht mehr statt.

Wenn sich Erziehungspersonen in einer solchen festgefahrenen Situation mit ihrem Kind wiederfinden, heißt das nicht, dass sie in der Erziehung versagt haben. Es bedeutet vielmehr, dass die Familie noch keine eigenen Lösungen für dieses Problem gefunden hat. Leider gibt es auch keine Patentrezepte hierfür. Jedes Kind und jede Familie sind einzigartig. Entsprechend benötigt jede Familie auch eine individuelle Lösung. Methoden, die auch unter ungünstigen Bedingungen häufig zu einer Lösung schwieriger Erziehungssituationen führen, werden in den folgenden Übungskapiteln vorgestellt.

Das Wichtigste in Kürze:

1. Kind und Erziehungsperson beeinflussen sich gegenseitig. Schwierigkeiten und Konflikte treten in jeder, auch in den besten Familien auf.

2. Schwieriges Temperament, geringe Selbstkontrolle, unterdurchschnittliche Intelligenz und geringe soziale Kompetenz sind Faktoren, welche die Erziehung erheblich erschweren können.

3. Bei einer gegenseitigen Zwangsinteraktion (Coersion) versuchen Erziehungsperson und Kind die eigenen Ziele durch unangenehme Handlungen durchzusetzen. Folgen sind meist extremer werdende Machtkämpfe und eine Verschlechterung der Eltern-Kind-Beziehung.

Eigene Notizen:

Teil II

Übungskapitel

Lesen Sie ein Übungskapitel pro Woche. Nach dem Lesen eines Kapitels sollten Sie sich mindestens fünf Tage Zeit nehmen, um die vorgeschlagenen Übungen durchzuführen. So können Sie in sieben Schritten schwierige Erziehungssituationen angehen und Lösungen für sich und Ihre Familie finden.

Wir raten Ihnen, die Übungen auch wirklich auszuprobieren. Nur so können Sie herausfinden, was in Ihrer Familie wirkt und welche Maßnahmen das alltägliche Miteinander dauerhaft verbessern. Sie können darauf vertrauen, dass sich die geschilderten Methoden und Übungen vielfach bewährt haben. Es ist aber möglich, dass nicht alle vorgestellten Methoden zu Ihrer Familie passen. Die schwierigen Situationen in der Familie sowie der Umgang mit dem Kind werden sich deutlich verbessern, wenn Sie dran bleiben und möglichst viele Anregungen umsetzen. Viel Erfolg!

Übungskapitel 1:
Belastungsprofil und Veränderungsziele

Wo fange ich an?

Wenn Eltern verhaltensauffälliger Kinder Unterstützung in Erziehungsfragen suchen, fällt es ihnen häufig sehr schwer zu sagen, was genau sich verändern soll. Die Liste der Probleme scheint häufig endlos lang und unüberschaubar zu sein. „Ich weiß gar nicht, wo ich anfangen soll", antworten viele Erziehungspersonen auf die Frage nach den Schwierigkeiten. Eltern beschreiben oft große Unzufriedenheit und erleben viele Situationen in der Familie als problematisch. Häufig haben sich Eltern gewissermaßen schon in den vielen Problemen verloren. Sie wissen dann gar nicht, wo sie anfangen sollen, welche Probleme bei der Lösungssuche Vorrang haben. Es fehlt also an einer Ordnung, die Überblick schafft und Auskunft darüber gibt, welche Probleme von Bedeutung sind und was sich ändern sollte, um wirklich Erleichterung in der Familie herbeizuführen. Der erste Schritt ist deshalb eine Problemanalyse. Sie soll eine Übersicht geben und den Startpunkt für den Lösungsweg festlegen. Dies wird im Folgenden vorgestellt.

Ein Belastungsprofil

Mithilfe des Fragebogens „Belastende Situationen in der Familie" nach Döpfner, Schürmann und Frölich (2002) (Arbeitsblatt 1) können Sie herausfinden, welche Probleme in Ihrer Familie am vordringlichsten und besonders belastend sind. Hierzu wird ein Belastungsprofil erstellt. Der Fragebogen enthält Kernpunkte des familiären Miteinanders, sogenannte „Standardsituationen". Sie treten beinahe täglich auf und bestimmen das familiäre Geschehen. Tragen Sie bitte jeweils ein, wie belastend Sie das Verhalten Ihres Kindes in diesen Situationen empfinden. Es geht dabei nur um Ihr persönliches Empfinden und nicht um Meinungen von anderen Familienmitgliedern oder Lehrern. Übertragen Sie anschließend die Punktwerte aus der Belastungs-Spalte in den Profil-

bogen (Arbeitsblatt 2). Verbinden Sie die einzelnen Punktwerte zu Ihrer
persönlichen Belastungskurve. Das Vorgehen wird beispielhaft durch
die Arbeitsblätter 3 und 4 dargestellt.

Betrachten Sie anschließend Ihr persönliches Belastungsprofil. Welche
Situationen sind besonders schwierig? Wo gibt es keine Probleme? Was
läuft gut?

Sie werden wahrscheinlich feststellen, dass es nicht nur Schwierigkeiten, sondern auch „problemfreie Täler" gibt. Diese „Täler" verraten
Ihnen, welche Situationen eher problemlos laufen und was Ihr Kind
gut macht. Es ist wichtig, diese problemfreien Täler zu sehen und zu
erkennen, dass nicht alles negativ ist. Es verlangen nicht alle Situationen eine Änderung. Das heißt, dass Sie Ihre Kräfte auf die Veränderung der Problemsituationen konzentrieren können. Zugleich ist es
wichtig, dass Sie auch den guten Eigenschaften Ihres Kindes Aufmerksamkeit schenken. Durch die Belastungen des Erziehungsalltags verliert man das Positive zeitweise aus dem Auge, weil Ärger und Stress
den Blick auf das Negative lenken.

Arbeitsblatt 1

„Belastende Situationen in der Familie"

Bitte geben Sie an, wie belastend das Verhalten Ihres Kindes in den genannten Situationen ist.

Situation	Wie belastend?		
	gar nicht		sehr stark
1. Wenn das Kind alleine spielt	1 2 3 4 5 6 7 8 9 10		
2. Wenn das Kind mit anderen spielt	1 2 3 4 5 6 7 8 9 10		
3. Bei den Mahlzeiten	1 2 3 4 5 6 7 8 9 10		
4. Beim An- und Ausziehen	1 2 3 4 5 6 7 8 9 10		
5. Beim Waschen und Baden	1 2 3 4 5 6 7 8 9 10		
6. Wenn Sie telefonieren	1 2 3 4 5 6 7 8 9 10		
7. Beim Fernsehen	1 2 3 4 5 6 7 8 9 10		
8. Wenn Besuch kommt	1 2 3 4 5 6 7 8 9 10		
9. Wenn Sie andere besuchen	1 2 3 4 5 6 7 8 9 10		
10. In der Öffentlichkeit (Geschäfte, Restaurant, Kirche usw.)	1 2 3 4 5 6 7 8 9 10		
11. Wenn Sie zu Hause beschäftigt sind	1 2 3 4 5 6 7 8 9 10		
12. Wenn Ihr(e) Partner(in) zu Hause beschäftigt ist	1 2 3 4 5 6 7 8 9 10		
13. Wenn das Kind etwas erledigen soll	1 2 3 4 5 6 7 8 9 10		
14. Bei den Hausaufgaben	1 2 3 4 5 6 7 8 9 10		
15. Beim Zubettgehen	1 2 3 4 5 6 7 8 9 10		
16. Beim Auto fahren	1 2 3 4 5 6 7 8 9 10		

Arbeitsblatt 2

Wie sehr belastet Sie das Verhalten Ihres Kindes in diesen Situationen? – Belastungsprofil

Belastung

	Kind spielt alleine	Kind spielt mit anderen	Mahlzeiten	An- und Ausziehen	Waschen und Baden	Telefonieren	Fernsehen	Besuch kommt	Wir besuchen andere	In der Öffentlichkeit	Sie sind zu Hause beschäftigt	Partner ist zu Hause beschäftigt	Kind soll helfen, etwas erledigen	Hausaufgaben	Zubettgehen	Im Auto fahren
10																
9																
8																
7																
6																
5																
4																
3																
2																
1																

Arbeitsblatt 3

„Belastende Situationen in der Familie" – Muster

Bitte geben Sie an, wie belastend das Verhalten Ihres Kindes in den genannten Situationen ist.

Wie belastend?

Situation	gar nicht sehr stark
1. Wenn das Kind alleine spielt	1 2 ✗ 4 5 6 7 8 9 10
2. Wenn das Kind mit anderen spielt	1 2 3 4 ✗ 6 7 8 9 10
3. Bei den Mahlzeiten	1 2 3 4 5 6 7 8 9 ✗
4. Beim An- und Ausziehen	1 2 3 4 ✗ 6 7 8 9 10
5. Beim Waschen und Baden	1 2 3 4 5 ✗ 7 8 9 10
6. Wenn Sie telefonieren	1 2 3 4 5 6 7 8 9 ✗
7. Beim Fernsehen	1 2 ✗ 4 5 6 7 8 9 10
8. Wenn Besuch kommt	1 2 3 4 5 ✗ 7 8 9 10
9. Wenn Sie andere besuchen	1 2 3 ✗ 5 6 7 8 9 10
10. In der Öffentlichkeit (Geschäfte, Restaurant, Kirche usw.)	1 2 3 4 ✗ 6 7 8 9 10
11. Wenn Sie zu Hause beschäftigt sind	1 2 3 4 5 6 7 8 9 ✗
12. Wenn Ihr(e) Partner(in) zu Hause beschäftigt ist	1 2 3 4 5 6 ✗ 8 9 10
13. Wenn das Kind etwas erledigen soll	1 ✗ 3 4 5 6 7 8 9 10
14. Bei den Hausaufgaben	1 2 3 4 5 6 7 8 9 ✗
15. Beim Zubettgehen	1 2 3 4 ✗ 6 7 8 9 10
16. Beim Auto fahren	1 2 3 4 5 ✗ 7 8 9 10

Arbeitsblatt 4

Wie sehr belastet Sie das Verhalten Ihres Kindes in diesen Situationen? Muster – Profilbogen

Belastung

Arbeitsblatt 5

Meine drei wichtigsten Ziele

Beispiel:

Maik soll morgens rechtzeitig um 7 Uhr aufstehen, sodass wir noch eine halbe Stunde Zeit haben, beim Frühstück zusammenzusitzen. Ich will konsequent bleiben und dafür sorgen, dass er aus dem Bett kommt.

1. Ziel:

_____

_____

_____

_____

_____

2. Ziel:

_____

_____

_____

_____

_____

3. Ziel:

_____

_____

_____

_____

_____

Aufstellen von Veränderungszielen

Wenn Sie sich den Situationen mit hohen Belastungswerten zuwenden, erhalten Sie Hinweise, an welchen Standardsituationen sich etwas ändern sollte. Versuchen Sie aus diesen „Problemgipfeln" Ihres Belastungsprofils konkrete Veränderungsziele abzuleiten. Ihre Veränderungsziele notieren Sie auf Arbeitsblatt 5 (S. 41).

Überlegen Sie dabei *konkret*, *was* Sie erreichen wollen.

Beim Aufstellen von Veränderungszielen, gilt es vier wichtige Regeln zu beachten:
1. Seien Sie bescheiden,
2. Überlegen Sie *was* Sie wollen,
3. Seien Sie *konkret*,
4. Bedenken Sie, *was Sie* selbst für die Ziele tun müssen.

1. Seien Sie bescheiden: Bei der Auswahl von Veränderungszielen hat es sich bewährt, die Situationen im Belastungsprofil mit den höchsten Punktwerten zu wählen. Beschränken Sie sich aber zunächst auf drei Ziele. Das mag Ihnen vielleicht zu wenig erscheinen. Es lässt sich jedoch nicht alles gleichzeitig ändern. Und bedenken Sie, dass auch Sie selbst Ihr Verhalten ändern müssen, wenn sich bei Ihrem Kind etwas verändern soll. Das kann sehr anstrengend sein. Zudem wird Ihnen die Verfolgung der Ziele im Alltag viel Aufmerksamkeit abverlangen. Wenn Sie zunächst also nur drei Veränderungsziele festlegen, schützen Sie sich vor Überforderung.

2. Überlegen Sie genau, was Sie erreichen wollen: Wenn Sie bis zu drei problematische Standardsituationen aus Ihrem Belastungsprofil ausgewählt haben, überlegen Sie, wie das erwünschte Verhalten Ihres Kindes in der Situation aussehen sollte und was Sie erreichen möchten. Viele Eltern wissen sofort, was sie *nicht* möchten: Mein Kind soll nicht stören, mein Kind soll nicht schreien, mein Kind soll nicht hampeln, mein Kind soll nicht streiten. Dieses Wissen ist zwar ein guter Anfang, jedoch nicht ausreichend. Stellen Sie sich vor, Sie antworten auf die Frage nach Ihrem Wunsch in einem Restaurant, dass Sie nicht den Fisch essen möchten. Sofern sich nicht nur zwei Gerichte auf der Speisekarte befinden, würden Sie das Servicepersonal ziemlich ratlos dastehen lassen. Man wüsste wohl nicht so recht, wie man Sie zufrieden stellen könnte. Und genau so verhält es sich mit den Veränderungszielen: Wenn Sie konkret wissen, was Sie wollen und wie das gewünschte Verhalten aussieht, sind Sie Ihren Zielen schon einen wichtigen Schritt näher gekommen.

In dem Beispiel auf dem Arbeitsblatt 5 soll erreicht werden, dass Maik rechtzeitig morgens aufsteht, damit noch ein gemeinsames Frühstück möglich ist.

3. Seien Sie konkret: Formulieren Sie Ihre Ziele so präzise wie möglich. Wenn beispielsweise das Zubettgehen sehr belastend ist, weil sich das Kind zunächst weigert, ins Bett zu gehen, und anschließend wiederholt aus seinem Zimmer kommt, könnte ein konkretes Veränderungsziel lauten: Mein Kind soll um 19:30 Uhr ohne Diskussion in sein Bett gehen und dort liegen bleiben.

Einige Eltern geben sich ganz bescheiden mit einem Ziel zufrieden. Sie wollen beispielsweise einfach nur, dass ihr Kind *immer* auf sie hört oder *immer* brav ist oder sich *immer* an *alle* Regeln hält. So wünschenswert diese Ziele auch sind, so unrealistisch sind sie auch. Bei solchen Zielen sind Frust und Enttäuschung vorprogrammiert, da diese Ziele zum Scheitern verurteilt sind. Selbst unauffällige Kinder sind nicht immer brav und artig. Regelüberschreitungen und das Austesten von Grenzen beispielsweise gehören zur natürlichen Entwicklung jedes Kindes dazu. Verabschieden Sie sich also von solchen Luftschlössern und arbeiten Sie an konkreten Situationen. Das mag auf den ersten Blick nicht so verheißungsvoll erscheinen, jedoch sind konkret formulierte Ziele erreichbar und versprechen Ihnen und Ihrem Kind Erfolgserlebnisse.

Vermeiden Sie also bei der Formulierung Ihrer Ziele allgemeine Floskeln, beispielsweise dass sich das Kind künftig „respektvoll" oder „anständig" verhalten sollte. Hinter diesen beiden Wörtchen kann sich viel verbergen, sie bieten großen Interpretationsspielraum, sind also keine konkreten Ziele. Bei solchen zu allgemein formulierten Zielen bieten sich viele Gelegenheiten für Enttäuschung und Frust, weil ein Kind sich natürlich nicht immer respektvoll oder anständig verhält. Falls sich hinter diesen allgemeinen Formulierungen beispielsweise der Wunsch verbirgt, dass Ihr Kind Sie oder andere Familienmitglieder nicht mehr schlagen oder beleidigen soll, dann sollten Sie dieses Ziel auch so konkret formulieren. Eine solche Konkretisierung erhöht die Chance, die Ziele zu erreichen.

In dem Beispiel auf Arbeitsblatt 5 wird das Ziel durch Festlegung einer Uhrzeit konkretisiert: Maik soll rechtzeitig um 7 Uhr aufstehen.

4. Formulieren Sie, was Sie selbst für die Ziele tun müssen: Beschränken Sie sich bei der Formulierung Ihrer Ziele nicht nur auf Wünsche und Forderungen an Ihr Kind. Bedenken Sie auch, was Sie selbst zur Erreichung beitragen wollen und müssen. Überlegen Sie, wie Sie Ihr Kind bei Veränderungen unterstützen können, welche Hilfestellungen es braucht. Bei der Einführung neuer Regeln benötigt ein Kind beispielsweise Erinnerung und Konsequenz von Seiten der Erziehungspersonen.

In dem Beispiel auf Arbeitsblatt 5 sollen Konsequenz und Unterstützung zur Erreichung des Ziels beitragen.

Schließlich sollten Sie bei der Festlegung Ihrer Veränderungsziele noch beachten, dass diese im Rahmen Ihrer Einflussmöglichkeiten liegen. So ist es natürlich wünschenswert, dass ein Kind sich mit seinen Mitschülern versteht, ein gutes Verhältnis zu seinem Lehrer hat oder mit Freude die Großmutter besucht. Hier haben Sie als Erziehungsperson jedoch nur geringe Einflussmöglichkeiten, sodass Sie Ihre Aufmerksamkeit und Energie auf die belastenden Situationen richten sollten, an denen Sie selbst regelmäßig beteiligt sind.

Beispiele für Trainingsziele

- Thomas soll morgens nach dem Frühstück 3 Minuten lang seine Zähne putzen. Ich werde ihn direkt nach dem Frühstück daran erinnern und falls nötig ins Bad begleiten. Zur Unterstützung stellen wir eine Eieruhr auf 3 Minuten ein.
- Anne soll spätestens um 15 Uhr mit den Hausaufgaben beginnen und diese ohne Unterbrechung erledigen. Ich werde Anne an die

Uhrzeit erinnern und ihr zu Beginn und zwischendurch meine Hilfe anbieten.

- Tim und Vanessa sollen sich während der Autofahrt ruhig verhalten und sich vertragen. Ich werde meinen Wunsch vor der Abfahrt äußern. Wir überlegen vorab, welche Spiele wir für die Fahrt einpacken.

- Ich möchte in Ruhe telefonieren und nicht unterbrochen werden. Marie soll sich während des Telefonats alleine in ihrem Zimmer beschäftigen. Ich will ihr dies mitteilen und sie vor meinem Anruf fragen, ob sie noch etwas braucht.

Was wird jetzt aus meinen Zielen?

In den folgenden Kapiteln werden wir Ihnen Wissen über Erziehung vermitteln, Anregungen zu neuen Verhaltensweisen geben und Sie mit Techniken vertraut machen, welche die Lösung für Ihre individuellen Ziele sein können. Wir bieten Ihnen also eine Art „Werkzeugkoffer" an, in dem Sie Lösungen für verschiedene Probleme im Erziehungsalltag finden. Dabei wollen wir Sie zu einem „Experten" für die schwierigen Erziehungssituationen in Ihrer Familie machen. Sie sollen die Instrumente aus dem Werkzeugkoffer kennenlernen und diese souverän und flexibel zur Erreichung Ihrer persönlichen Ziele in der Erziehung anwenden. Wir verzichten ganz bewusst auf allgemeingültige Erziehungsratschläge, weil diese meistens schon bekannt und zu allgemein sind, um im Alltag hilfreich zu sein.

Hinweis

Bewahren Sie Ihr Belastungsprofil gut auf. Sie werden es zu einem späteren Zeitpunkt noch brauchen.

Das Wichtigste in Kürze:

1. Der erste Schritt zur Lösung schwieriger Erziehungssituationen ist eine Ordnung, die Ihnen einen Überblick über Schwierigkeiten im Erziehungsalltag gibt. Erstellen Sie dafür ein persönliches Belastungsprofil. Es zeigt Ihnen, wo die „Problemgipfel" liegen.

2. Machen Sie sich bewusst, welche Situationen in Ihrer Familie gut gelingen. Halten Sie sich auch die guten Eigenschaften Ihres Kindes vor
   Augen, die wegen der bestehenden Probleme oft übersehen werden.
3. Stellen Sie maximal drei Veränderungsziele auf, da sich nicht alles
   gleichzeitig ändern lässt. Seien Sie bei Ihren Zielen konkret und bleiben Sie realistisch.

Übungen

Im Folgenden finden Sie Übungen, die Ihnen helfen, die positiven Eigenschaften Ihres Kindes bewusst wahrzunehmen:

Übung 1: Führen Sie mindestens 14 Tage lang ein Tagebuch, in das
Sie nur die schönen Momente mit Ihrem Kind und die Erfolgserlebnisse
Ihres Kindes eintragen. Notieren Sie täglich mindestens eine Sache, die
Ihr Kind gut gemacht hat. Das können auch scheinbar selbstverständ-
liche Verhaltensweisen sein, beispielsweise Ihr Kind hat sich ruhig be-
schäftigt, hat seinen Teller aufgegessen oder hat sich ohne Meckern die
Zähne geputzt. Für Ihre Aufzeichnungen können Sie Arbeitsblatt 6 ver-
wenden.

Übung 2: Besprechen Sie nach einigen Tagen die Eintragungen im Tagebuch mit Ihrem Kind. Teilen Sie Ihrem Kind mit, worüber Sie sich gefreut haben und was Sie schön fanden.

Eigene Notizen:

Arbeitsblatt 6

„Die schönen Seiten"

Um positives Verhalten und gute Eigenschaften Ihres Kindes nicht aus den Augen zu verlieren, sollen Sie sich in den nächsten 2 Wochen jeden Abend ein paar Minuten Zeit nehmen, um die Ereignisse des Tages noch einmal zu überdenken. Notieren Sie, was an diesem Tag gut mit Ihrem Kind gelaufen ist und worüber Sie sich gefreut haben.

1. Woche von _____ bis _____

Das war schön ...

Mo: _____

Di: _____

Mi: _____

Do: _____

Fr: _____

Sa: _____

So: _____

Darüber habe ich mich gefreut ...

Mo: _____

Di: _____

Mi: _____

Do: _____

Fr: _____

Sa: _____

So: _____

Arbeitsblatt 6a – 2. Woche

„Die schönen Seiten"

Um positives Verhalten und gute Eigenschaften Ihres Kindes nicht aus den Augen zu verlieren, sollen Sie sich in den nächsten 2 Wochen jeden Abend ein paar Minuten Zeit nehmen, um die Ereignisse des Tages noch einmal zu überdenken. Notieren Sie, was an diesem Tag gut mit Ihrem Kind gelaufen ist und worüber Sie sich gefreut haben.

2. Woche von _____ bis _____

Das war schön …

Mo: _____

Di: _____

Mi: _____

Do: _____

Fr: _____

Sa: _____

So: _____

Darüber habe ich mich gefreut …

Mo: _____

Di: _____

Mi: _____

Do: _____

Fr: _____

Sa: _____

So: _____

Übungskapitel 2:
Die positive Spielzeit

Am Anfang steht Beziehungsarbeit

In diesem Kapitel wird die Eltern-Kind-Beziehung thematisiert. Unserer Erfahrung nach ist dieser Aspekt sehr wichtig, weil die Schwierigkeiten im Alltag und die Verhaltensauffälligkeiten von Kindern häufig auch die Eltern-Kind-Beziehung beeinträchtigen. Deshalb steht die Verbesserung der Beziehung am Anfang, ohne dass wir Ihnen eine schlechte Beziehung zu Ihrem Kind unterstellen wollen.

Erfahrungsgemäß richtet sich der elterliche Blick häufig ohne Absicht zunehmend auf das unerwünschte Verhalten des Kindes. Wenn dann die negativen Eindrücke überwiegen, prägen sie allmählich auch das Gesamtbild. Unbeabsichtigt erscheint das Kind in einem schlechten Licht; seine guten Seiten werden übersehen oder als selbstverständlich erachtet. Die Eltern neigen infolgedessen oft dazu, Druck auf das Kind auszuüben. Das Kind wiederum geht den Eltern dann zunehmend aus dem Weg oder entwickelt mit trotzigem und aufsässigem Verhalten „Gegendruck".

Sie möchten, dass Ihr Kind sich in bestimmten Situationen anders verhält? Den ersten Schritt hierzu haben Sie getan, indem Sie mithilfe Ihres persönlichen Belastungsprofils festgelegt haben, was sich konkret ändern soll (Veränderungsziele). Als zweiten Schritt sollten Sie nun günstige Voraussetzungen für die Erreichung Ihrer Ziele schaffen. Deshalb sollen Sie etwas für die Verbesserung der Eltern-Kind-Beziehung tun, also Beziehungsarbeit leisten. Eine gute Beziehung zum Kind ist nämlich die Grundlage, um Ihr Kind zu einer Veränderung seines Verhaltens zu bewegen. Dies soll mit einem kurzen Gedankenexperiment deutlich gemacht werden:

Gedankenexperiment

Denken Sie bitte an zwei Ihnen bekannte Personen. Eine dieser Personen sollte Ihnen sehr nahe stehen; Sie sollten diese Person schätzen und lieben. Die andere Person sollte ein Mensch sein, den Sie nicht leiden mögen, eine Person, der sie am liebsten aus dem Weg gehen. Nehmen Sie sich ruhig Zeit für Ihre Suche und lesen Sie erst weiter, wenn Sie diese beiden Personen klar vor Ihrem geistigen Auge sehen.

Stellen Sie sich nun vor, die geliebte Person bittet Sie um einen Gefallen. Was würden Sie tun? Klar, Sie würden versuchen, die Gefälligkeit möglichst gut zu erfüllen. Für eine geliebte Person würde man sich das berühmte Bein ausreißen. Sie würden für diese Person alles so gut wie möglich machen wollen. Und wie sieht es mit der Person aus, die Ihnen unsympathisch ist und Sie um einen Gefallen bittet? Vielleicht gebieten Anstand oder berufliche Umstände, dass man so einer Bitte nachkommt. Das Engagement, das man dabei an den Tag legt, hält sich jedoch eher in Grenzen. Man würde wohl das Nötigste machen.

Anhand dieses kleinen Gedankenexperimentes wird deutlich, wie sehr die zwischenmenschlichen Beziehungen unsere Bereitschaft zum Handeln und unser Engagement beeinflussen. Das gilt auch für Ihr Kind. Es muss auch bereit und motiviert sein, wenn es sein Verhalten ändern soll. Eine gute Beziehung ist daher die Grundlage dafür, dass es etwas so gut wie möglich macht. Eine gute Beziehung muss jedoch aufgebaut und gepflegt werden.

Mit dem Vorschlag, Beziehungsarbeit zu leisten, wollen wir nicht unterstellen, dass Sie eine schlechte Beziehung zu Ihrem Kind haben. Dennoch belasten schwierige Erziehungssituationen die Eltern-Kind-Beziehung oft in hohem Maße, insbesondere dann, wenn die alltäglichen Standardsituationen nicht oder nur mit elterlicher Unterstützung funktionieren. So leiden beispielsweise viele Erziehungspersonen darunter, dass ihr Kind morgens nicht aus dem Bett kommt, dann beim Anziehen trödelt, sich nicht waschen will und das Frühstück verweigert. Da das Kind aber pünktlich zum Kindergarten oder zur Schule kommen soll und die Eltern wohlmöglich auch selbst rechtzeitig auf ihrer Arbeit erscheinen müssen, wird der morgendliche Ablauf zum täglichen Wettkampf gegen die Zeit. Wenn die Kinder auf die elterlichen Bemühungen, den Zeitplan einzuhalten, dann auch noch vermeidend, trotzig oder ablehnend reagieren, liegen bei vielen Eltern die Nerven blank und sie fühlen sich mehr als erleichtert, wenn das Kind endlich

angezogen das Haus verlässt. In vielen Familien setzen sich solche
Kämpfe im Laufe des Tages fort, wenn das Kind beispielsweise seine
Hausaufgaben nicht alleine macht, beim Abendbrot keinerlei Tisch-
manieren zeigt oder zuerst nicht ins Bett gehen möchte und anschließend immer wieder aus dem Zimmer kommt, anstatt zu schlafen. Solche Verhaltensweisen führen häufig dazu, dass Eltern die Zeit mit ihren
Kindern als stressig und belastend empfinden. Da sie sich um das
Funktionieren der täglichen Abläufe kümmern und immer nachhaken
müssen, finden sich viele Erziehungspersonen dann schnell in der
Rolle „einer Kontrolleurin oder eines Kontrolleurs" wieder. Sie müssen sehr viel Zeit und Energie für die Regulierung ihres Kindes auf-
wenden, die dann beispielsweise für das gemeinsame Spiel fehlt.
Schnell verhärten sich so die Fronten: Eltern üben mehr Druck aus,
Kinder zeigen sich vermeidend und trotzig. Und so empfinden sowohl
die Eltern als auch die Kinder den Kontakt miteinander als anstrengend und belastend.

Das Konzept der positiven Spielzeit

In diesem Kapitel wird Ihnen ein Konzept vorgestellt, das Ihnen helfen soll, einen anderen Zugang zu Ihrem Kind zu finden und die Beziehung zu verbessern: Die positive Spielzeit.

Hintergrund der positiven Spielzeit sind Studien, die belegen, dass sich
die Eltern-Kind-Beziehung deutlich verbessert, wenn man angenehme
Zeit miteinander verbringt. Gerade Zeit ist aber, insbesondere für be-
rufstätige Eltern, ein knappes Gut. Das Konzept der positiven Spielzeit
sieht daher vor, dass Eltern an fünf Tagen in der Woche jeweils 30 Minuten exklusive Zeit mit ihrem Kind verbringen. Die Zeit ist ausschließlich für das Kind reserviert. Erfahrungsgemäß verbessert sich so die
Beziehung zum Kind nachhaltig. Voraussetzung ist, dass bei der positiven Spielzeit bestimmte Regeln eingehalten werden, die Ihnen im
Folgenden vorgestellt werden.

Regeln für die positive Spielzeit

Wo und wann findet die positive Spielzeit statt?

Die positive Spielzeit sollte grundsätzlich bei Ihnen zu Hause stattfinden. Für bestimmte Aktivitäten, beispielsweise Spielplatzbesuche oder kleine Fahrradtouren, kann die Spielzeit auch an einem anderen Ort stattfinden.

Die positive Spielzeit soll mindestens vier Wochen lang durchgeführt werden. Pro Woche soll die Spielzeit fünf Mal stattfinden. Sie als Erziehungsperson legen die Uhrzeit für die Spielzeit fest. Günstig ist eine feste Zeit, zu der die Spielzeit zuverlässig stattfinden kann, beispielsweise jeden Werktag um 18 Uhr vor dem Abendbrot. Bei hoher Termindichte in der Familie sind aber häufig nur flexible Termine für die Spielzeit möglich. Sie sollten bei der Planung darauf achten, dass Sie und Ihr Kind zu diesen Zeiten nicht unter starkem Zeit- oder Termindruck stehen. Die Zeit soll ausschließlich für Ihr Kind reserviert sein. Störungen durch andere Personen, auch durch andere Familienmitglieder, sind zu vermeiden. Idealerweise findet die Spielzeit also zu einer Zeit statt, zu der Sie ohnehin alleine mit dem Kind sind. Telefone sollten ausgeschaltet oder zumindest lautlos gestellt werden.

Vor der positiven Spielzeit soll keine gereizte Stimmung herrschen. Wenn es unmittelbar vor der positiven Spielzeit einen Streit gab, sollte die Spielzeit verschoben werden.

Regel 1: Ihr Kind darf bestimmen, was und wie gespielt wird

Ihr Kind sucht aus, was gespielt oder unternommen werden soll. Dies sollte jedoch in den Grenzen des Vernünftigen und Vertretbaren liegen. Den Besuch des Spielplatzes bei strömendem Regen dürfen Sie also getrost ablehnen. Auch sollen Sie kein Geld für die Spielzeit ausgeben;

der Besuch eines Freizeitparks oder die Anschaffung immer neuer Spiele oder Sammelkarten sind nicht vorgesehen. Grundsätzlich haben die Kinder aber große Freiheit bei der Auswahl der gemeinsamen Aktivität: Lego, Gesellschaftsspiele, Vorlesen, Kochen, Hörbuch hören, Basteln, Spielplatz …

Ihre persönliche Abneigung gegenüber einem Spiel soll kein Ablehnungsgrund sein. Die Kinder haben das Recht, Spiele auszuwählen, die sie mögen. Oft sind das Spiele, in denen sie auch besser als ihre Eltern sind. Eine solche Auswahl bietet zwei Chancen: Einerseits haben die Kinder so die Möglichkeit, erfolgreich zu sein, was sehr wichtig für ihr Selbstwertgefühl ist. Beispielsweise erleben verhaltensauffällige Kinder überwiegend Misserfolgserlebnisse im Verlauf ihres Tages, sodass sie einen großen Erfolgshunger haben, den sie dann oft auch sehr emotional ausleben. Zweitens bietet sich den Eltern hier die Gelegenheit, sich als gutes Vorbild beim Umgang mit Niederlagen zu präsentieren. Schwierige Kinder neigen dazu, impulsiv und aggressiv auf Misserfolgserlebnisse zu reagieren. Es ist daher sehr wichtig, dass ihre Eltern modellhaft vorleben, dass man ganz gelassen verlieren kann.

Regel 2: Akzeptieren Sie die Spielweise Ihres Kindes

Wenn Ihr Kind sich während der positiven Spielzeit nicht an die Spielregeln hält oder eigene Regeln aufstellen möchte, lassen Sie es gewähren! Auch wenn es nervig und anstrengend ist, wenn das Kind die Regeln ändert, neue Regeln aufstellt, an die es sich selbst nicht hält, oder bestehende Regeln zu seinem Vorteil auslegt, bringen Sie die Ruhe und Geduld auf, das Kind gewähren zu lassen! Versuchen Sie, solche Regelüberschreitungen erst gar nicht zu kommentieren. Vielleicht ist es hilfreich für Sie, wenn Sie sich in Erinnerung rufen, dass Erfolgserlebnisse ganz wichtig für Ihr Kind sind. Außerdem verlieren die meisten Kinder umso schneller die Lust an solchen Schummeleien, je weniger die Eltern sich darüber ärgern.

Ziel der positiven Spielzeit ist nicht das „richtige Spielen", sondern die angenehme Zeit, die miteinander verbracht wird.

Regel 3: Sparen Sie weder an Lob noch an Zuwendung

Achten Sie ganz bewusst darauf, Ihr Kind ausgiebig zu loben. Sagen Sie ihm, wenn Sie etwas gut finden, z. B. „Der Turm ist aber wirklich hoch geworden und sieht dabei auch noch stabil aus!". Machen Sie Ihr Kind auf Fortschritte aufmerksam, z. B. „Du bist in diesem Spiel schon viel besser geworden" oder „Du hast das neue Spiel sehr schnell gelernt".

Ihre Zuwendung gegenüber Ihrem Kind sollten Sie verbal und körperlich ausdrücken. Sagen Sie Ihrem Kind, wenn Sie die gemeinsame Zeit genießen, z. B. „Es gefällt mir sehr, wenn wir so schön miteinander spielen". Körperlich können Sie Ihre Zuwendung ausdrücken, indem Sie Ihr Kind beispielsweise über den Kopf streicheln oder den Arm um die Schulter legen. Auch mimisch können Sie Zuwendung zeigen, z. B. durch Anlächeln, bestätigendes Nicken oder Augenzwinkern.

Wichtig ist, dass Sie Ihre Zuwendung niemals „spielen". Jedes Lob, jede körperliche Zuwendung sollen aufrichtig gemeint sein! Wenn Sie sich nicht danach fühlen, verzichten Sie lieber auf solche Zuwendung.

Beachten Sie auch scheinbare Selbstverständlichkeiten. Wenn Ihr Kind beispielsweise mal ruhig am Tisch sitzen bleibt, nicht nach 10 Minuten die Lust verliert oder sich einmal an die Spielregeln hält, mag das aus Ihrer Sicht selbstverständlich sein. Ihr Kind musste aber evtl. schon seine Verhaltensweisen ändern, um dies zu erreichen. Und das sollte nicht unbemerkt oder unkommentiert bleiben! Teilen Sie Ihrem Kind also mit, dass Sie es positiv bemerkt haben, z. B. „Ich finde es sehr schön, dass Du Dich heute an die Regeln gehalten hast" oder „Es hat mir sehr gefallen, dass Du heute so lange ruhig sitzen geblieben bist".

Regel 4: Äußern Sie keine Kritik

Verhaltensauffällige Kinder werden sehr oft kritisiert und getadelt: Sie sind zu langsam, zu unordentlich, zu hektisch, zu laut usw. Diese Kritik beginnt häufig schon am frühen Morgen, wenn die Kinder sich nicht rechtzeitig fertig machen oder nicht gründlich genug die Zähne putzen, und setzt sich während der Schulzeit, bei den Hausaufgaben und bis in den Abend hinein fort, wenn beim Abendbrot geschmatzt wird, beim Umziehen getrödelt wird und die Einschlafmusik zu laut ist. Für diese Kinder soll die positive Spielzeit eine kritikfreie Zeit sein! Verzichten Sie also innerhalb dieser halben Stunde auf jegliche Kritik, um ein Gegenbeispiel zu schaffen. Seien Sie ein angenehmer Spielpartner. Schließlich geht es darum, dass Ihr Kind und Sie eine unbeschwerte Zeit miteinander verbringen.

Über geringfügig problematisches Verhalten, wie Wibbeln auf dem Stuhl oder das Umstoßen eines Glases Saft, sollten Sie während der positiven Spielzeit still hinwegsehen. Die Stimmung soll nicht ohne Not getrübt werden. Lassen Sie also kleine Regelverstöße und Unannehmlichkeiten unkommentiert. Es ist schließlich nur eine halbe Stunde. Versuchen Sie also in dieser Zeit die Zähne zusammenzubeißen. In aller Regel stellt sich dann auch ein gutes Einvernehmen zwischen Ihnen und Ihrem Kind ein.

Regel 5: Gewährleisten Sie einen ungestörten Ablauf der positiven Spielzeit

Die positive Spielzeit ist ein exklusives Angebot an Ihr Kind. Das Kind sollte erleben, dass Sie diese Zeit nur ihm schenken. Wenn Sie während dieser Spielzeit mit anderen Personen telefonieren, „nebenbei" etwas arbeiten oder sich auch um ein Geschwisterkind kümmern, entspricht das nicht dem Sinn der positiven Spielzeit. Das Versprechen an das Kind, ihm eine halbe Stunde Zeit zu schenken, wird nicht erfüllt. Ihr Kind könnte Ihr Angebot nicht mehr ernst nehmen. Versuchen Sie deshalb, einen ungestörten Ablauf zu gewährleisten, indem Sie möglichst vielen Störungen vorbeugen. Schalten Sie beispielsweise das Telefon ab oder den Anrufbeantworter an. Stellen Sie sicher, dass andere Familienmitglieder beschäftigt sind oder wissen, dass sie innerhalb der nächsten 30 Minuten nicht das Zimmer betreten sollten.

Regel 6: Besprechen Sie mit Ihrem Kind die Rahmenbedingungen der positiven Spielzeit

Ihr Kind muss nicht alle Regeln der Spielzeit kennen, sondern lediglich über die Rahmenbedingungen Bescheid wissen. Teilen Sie Ihrem Kind einfach mit, dass Sie ab jetzt an fünf Tagen in der Woche jeweils 30 Minuten Zeit nur mit ihm verbringen möchten und dass das Kind sich ein Spiel bzw. eine Aktivität aussuchen darf. Mehr muss Ihr Kind gar nicht wissen.

Eine Zusammenfassung der Regeln für die positive Spielzeit gibt Arbeitsblatt 7.

Häufig gestellte Fragen – die FAQs

Die meisten Eltern berichteten, dass sie die positive Spielzeit als eine sehr angenehme Zeit mit ihren Kindern erleben. Es kamen aber auch Probleme und Fragen auf. Häufig gestellte Fragen sollen Ihnen im Folgenden beantwortet werden.

Arbeitsblatt 7

Regeln für die Positive Spielzeit

Regel 1: Ihr Kind darf bestimmen, was und wie gespielt wird.

Regel 2: Akzeptieren Sie die Spielweise Ihres Kindes.

Regel 3: Sparen Sie weder an Lob noch an Zuwendung.

Regel 4: Äußern Sie keine Kritik.

Regel 5: Versuchen Sie einen ungestörten Ablauf der positiven Spielzeit zu gewährleisten.

Regel 6: Besprechen Sie mit Ihrem Kind die Rahmenbedingungen der positiven Spielzeit.

1. *Was mache ich, wenn mein Kind nicht mit mir spielen möchte?*
   Bleiben Sie gelassen! Ihr Kind bestimmt nicht nur, was und wie gespielt wird, sondern auch, ob gespielt wird. Dass es auch Zeiten gibt,
   in denen ein Kind keine Zeit mit seinen Eltern verbringen möchte,
   ist keine Ausnahme, sondern die Regel. Es ist also überhaupt kein
   Problem, wenn Ihr Kind Ihnen mitteilt, dass es keine positive Spielzeit machen möchte. Nutzen Sie doch dieses Zeitfenster für sich und
   tun etwas, wozu Sie schon lange keine Zeit mehr hatten. Bieten Sie
   zum nächsten verabredeten Zeitpunkt die Spielzeit erneut an.

2. *Was mache ich, wenn mein Kind zu einem späteren Zeitpunkt Spielzeit haben möchte?*
   Sie als Eltern legen den zeitlichen Rahmen für die positive Spielzeit fest. Die Spielzeit findet auch nur zu dieser Zeit statt. Wenn Sie
   beispielsweise entschieden haben, dass die Spielzeit von 17:00 bis
   17:30 Uhr stattfinden soll und Ihr Kind um 18:00 mit Ihnen spielen
   möchte, dann verweisen Sie es auf den nächsten Tag. Sagen Sie beispielsweise: „Ich freue mich, dass Du mit mir spielen möchtest, aber
   unsere Spielzeit war von 17:00 bis 17:30 Uhr. Vergiss nicht, was Du
   spielen möchtest, wir können es dann morgen zu unserer Zeit machen".

3. *Was ist mit Fernsehen oder Videospielen in der positiven Spielzeit?*
   In der positiven Spielzeit geht es um eine gemeinsame Aktivität mit
   Ihrem Kind. Beim Fernsehen sind Menschen nicht aktiv und unternehmen auch nichts miteinander. Schließen Sie das Fernsehen also
   von der positiven Spielzeit aus. Ebenso sollten Sie Computer- oder
   Videospiele ausschließen, bei denen Sie 30 Minuten lang Ihrem Kind
   über die Schulter schauen und lediglich zusehen.

4. *Was mache ich, wenn mein Kind sich einen Schwimmbadbesuch
   wünscht?*
   Es gilt, dass Sie kein Geld für die positive Spielzeit ausgeben sollen
   und dass die positive Spielzeit grundsätzlich nur 30 Minuten dauert. Den Schwimmbadbesuch sollten Sie also im Rahmen der positiven Spielzeit ausschließen.
   Falls Ihr Kind ein Gesellschaftsspiel spielen möchte, das wesentlich
   länger als 30 Minuten dauert, weisen Sie Ihr Kind darauf hin, dass
   dieses in der positiven Spielzeit nicht zu Ende gespielt werden kann.
   Das Kind kann dann ein anderes Spiel wählen oder Sie einigen sich
   darauf, das Spiel am Folgetag fortzusetzen.

Es kann hilfreich sein, einen Wecker zu benutzen, der nach 30 Minuten das Ende der Spielzeit einläutet. So können Diskussionen um eine Verlängerung der Spielzeit vermieden werden.

5. *Was mache ich, wenn meinem Kind keine Vorschläge einfallen?*
Viele Kinder haben anfangs leichte „Startschwierigkeiten", ein Spiel auszuwählen. In diesem Fall machen Sie Vorschläge, aus denen das Kind dann auswählen kann.

6. *Was mache ich, wenn mein Kind jeden Tag das gleiche Spiel spielen möchte?*
Grundsätzlich darf Ihr Kind das Spiel auswählen und Sie sollten sich mit Geduld in diese Situation einfügen. Falls Ihr Kind aber nach einer Woche immer noch das gleiche Spiel spielen möchte und Sie genervt sind, können Sie eine Alternative vorschlagen und ruhig sagen, dass Sie gerne etwas Abwechslung hätten.

7. *Wie reagiere ich auf gravierend problematisches Verhalten während der Spielzeit?*
Über geringfügig problematisches Verhalten sollten Sie hinwegsehen (Regel 4). Gravierend problematisches Verhalten können Sie jedoch nicht ignorieren. Gravierend sind beispielsweise Beschimpfungen, aggressives Verhalten oder das Zerstören von Spielsachen oder anderen Gegenständen. Wenn Ihr Kind solche problematischen Verhaltensweisen zeigt, gehen Sie am besten direkt zu der Tür des Zimmers, in dem Sie sich gerade befinden. Weisen Sie an der Tür Ihr Kind darauf hin, dass die positive Spielzeit beendet ist, wenn es nicht sofort sein problematische Verhalten beendet. Wenn Ihr Kind dann das unerwünschte Verhalten einstellt, können Sie wieder zu Ihrem Kind gehen und gemeinsam weiterspielen. Falls das Kind das problematische Verhalten fortsetzt, sagen Sie Ihrem Kind möglichst ruhig, aber bestimmt, dass die Spielzeit für diesen Tag beendet ist. Verlassen Sie dann auch gleich den Raum.

8. *Wie gehe ich mit Beziehungstests um?*
Die positive Spielzeit dient der Verbesserung der Eltern-Kind-Beziehung. Das Kind wird also wahrscheinlich erleben, dass sich an der Beziehung etwas verändert. Dies lädt viele Kinder zu einem „Beziehungstest" ein. Das heißt, dass sich die Kinder absichtlich auffällig, provozierend oder gar aggressiv verhalten. Mit diesem meist unbewussten Kommunikationsmittel wollen sie testen, wie zuverlässig und tragfähig die neue Beziehungsqualität ist. Sie wollen vielleicht

testen, ob sie sich nun mehr erlauben können, ob die Grenzen vielleicht weiter gesteckt sind. Man könnte sagen, es handelt sich um eine kindliche Art der Qualitätsprüfung.

Es ist wichtig, dass Sie auf die Möglichkeit solcher Beziehungstests eingestellt sind und wissen, dass dies keinen Rückschlag bedeutet. Genauso wichtig ist es auch, dass Sie zuverlässig konsequent reagieren. Dulden Sie keine Überschreitung Ihrer festgesetzten Regeln und reagieren Sie auf Überschreitungen mit den üblichen Konsequenzen. Sie sollten zudem wissen, wie Sie auf gravierend problematisches Verhalten reagieren (siehe Frage 7).

9. *Was mache ich, wenn ich mich vor der Spielzeit sehr geärgert habe und überhaupt nicht in der Stimmung bin?*

In diesem Fall bieten Sie Ihrem Kind einen Nachholtermin zu einem späteren Zeitpunkt an. Formulieren Sie dies aber bitte niemals als Strafe. Also nicht: „Ich habe mich so über Dich geärgert, dass ich keine Lust habe, Zeit mit Dir zu verbringen". Teilen Sie die Verschiebung möglichst ruhig und neutral mit, z.B. „Es passt mir gerade nicht, lass uns morgen zur gewohnten Zeit wieder spielen".

10. *Können meine anderen Kinder auch an der positiven Spielzeit teilnehmen?*

Die positive Spielzeit soll ausschließlich für das Kind sein, das Ihnen Schwierigkeiten bereitet. Sie sollen daher die positive Spielzeit nur mit diesem Kind verbringen. Wenn das Kind von sich aus wünscht, dass Geschwisterkinder oder Freunde an der Spielzeit teilnehmen, dürfen diese einbezogen werden.

11. *Was mache ich, wenn die Geschwisterkinder auch eine Spielzeit einfordern?*

Eifersucht der Geschwisterkinder ist häufig die größte Schwierigkeit bei der positiven Spielzeit in Familien mit mehreren Kindern. Für dieses Problem gibt es leider keine allgemeingültige Lösung. Wir können daher nur einige Vorschläge unterbreiten, die sich in vielen Familien bewährt haben.

Wichtig ist, dass Sie die Geschwisterkinder über die positive Spielzeit informieren. Gerade ältere Kinder können dabei gut das Konzept der positiven Spielzeit verstehen und akzeptieren, dass die jüngere Schwester oder der jüngere Bruder dieses Angebot für eine gewisse Zeit erhält, weil damit eine Verringerung der Verhaltensauffälligkeiten und eine Verbesserung für das Familienleben erreicht werden sollen. Sie können die Akzeptanz erhöhen, wenn Sie dem älteren Kind ein alternatives Angebot machen, beispielsweise einmal in der Woche gemeinsam ein Eis-Café zu besuchen.

Sie können bei der Planung der positiven Spielzeit solche Zeiten auswählen, zu denen das Geschwisterkind ohnehin nicht zu Hause ist, sondern sich z. B. beim Fußballtraining aufhält. Oder Sie versuchen, die Spielzeit durchzuführen, wenn das jüngere Geschwisterkind schon im Bett ist.

Günstig ist es, wenn Sie Ihre Partnerin/Ihren Partner in die Spielzeit einbeziehen können: Die andere Person kann dann während der positiven Spielzeit das Geschwisterkind betreuen, ihm vielleicht sogar ebenfalls regelmäßig die positive Spielzeit anbieten.

Nutzen Sie kleine Gelegenheiten im Alltag, um die positive Beziehung zwischen dem Geschwisterkind und Ihnen durch Aufmerksamkeit, Lob und Zuwendung zu bekräftigen.

12. *Was mache ich, wenn ich keine Zeit für die positive Spielzeit habe?*
Wenn Sie Schwierigkeiten haben, an fünf Tagen pro Woche Ihrem Kind eine exklusive Zeit anzubieten, dann unterstreicht dies, dass die positive gemeinsame Aktivität etwas ganz Wichtiges für Ihr Kind ist! Sie sollten sich daher umso mehr bemühen, diese Zeit einzurichten. Vielleicht können Sie andere Aktivitäten oder Verpflichtungen für eine gewisse Zeit aussetzen. Unserer Erfahrung nach ist die positive Spielzeit eine Investition, die sich lohnt.

Das Wichtigste in Kürze:

1. Wenn Sie Ihr Kind zu Verhaltensänderungen bewegen möchten, sollten Sie zuvor eine gute Eltern-Kind-Beziehung aufbauen oder festigen.
2. Zur Verbesserung der Eltern-Kind-Beziehung trägt das Konzept der positiven Spielzeit bei.

Übung

Sie sind nun mit dem Konzept der positiven Spielzeit vertraut. Wenn Sie sich dafür entscheiden, diese Methode auszuprobieren, dann sollten Sie nun die positive Spielzeit in ihren Alltag einplanen. Hierzu kann Ihnen Arbeitsblatt 8 behilflich sein. Wählen Sie mithilfe des folgenden Tagebuches (Arbeitsblatt 9) fünf Zeiten in der Woche aus, zu denen Sie

Ihrem Kind positive Spielzeit anbieten können. Führen Sie dann die positive Spielzeit mindestens vier Wochen lang fünfmal wöchentlich durch.

Notieren Sie in Ihrem Tagebuch, wann, wo, wie lange und was Sie unternommen haben. Sie und Ihr Kind haben außerdem die Möglichkeit, sich gegenseitig eine Rückmeldung zu geben. Jeder von Ihnen bewertet die Spielzeit in Schulnoten von 1 bis 6. Auf diese Weise erfahren Sie, was Ihrem Kind gut und weniger gut gefällt. Umgekehrt erhält so Ihr Kind auch wichtige Rückmeldungen von Ihnen.

Eigene Notizen:

Arbeitsblatt 8

Wochenplanung „Positive Spielzeit"

Überlegen Sie gemeinsam mit Ihrer Familie, wann Sie Ihrem Kind die Spielzeit anbieten können. Wie beschäftigen Sie derweil Geschwisterkinder? Was kann der Partner übernehmen?

Berücksichtigen Sie dabei die Termine aller Familienmitglieder (Schule, Arbeit, Mittagessen, Pausenzeiten, Sport, Musikunterricht etc.) und legen Sie dann einen für alle verbindlichen Zeitpunkt fest, an dem die Spielzeit stattfinden kann.

	Was liegt an?	Wann kann die Spiel-zeit stattfinden?	Wer hat Zeit?
MO			
DI			
MI			
DO			
FR			
SA			
SO			

Arbeitsblatt 9

Spielzeit-Tagebuch

Führen Sie die „Positive Spielzeit" zu den festgesetzten Zeiten durch. Füllen Sie anschließend das Tagebuch gemeinsam mit Ihrem Kind aus.

Datum	Dauer	Ort	Was wurde in dieser Zeit gespielt?	Bewertung der Positiven Spielzeit (Schulnote 1 bis 6)		Anmerkungen
				Mutter/ Vater	Kind	

Arbeitsblatt 9a – 2. Woche

Spielzeit-Tagebuch

Führen Sie die „Positive Spielzeit" zu den festgesetzten Zeiten durch. Füllen Sie anschließend das Tagebuch gemeinsam mit Ihrem Kind aus.

Datum	Dauer	Ort	Was wurde in dieser Zeit gespielt?	Bewertung der Positiven Spielzeit (Schulnote 1 bis 6)		Anmerkungen
				Mutter/ Vater	Kind	

Arbeitsblatt 9b – 3. Woche

Spielzeit-Tagebuch

Führen Sie die „Positive Spielzeit" zu den festgesetzten Zeiten durch. Füllen Sie anschließend das Tagebuch gemeinsam mit Ihrem Kind aus.

Datum	Dauer	Ort	Was wurde in dieser Zeit gespielt?	Bewertung der Positiven Spielzeit (Schulnote 1 bis 6)		Anmerkungen
				Mutter/ Vater	Kind	

Arbeitsblatt 9c – 4. Woche

Spielzeit-Tagebuch

Führen Sie die „Positive Spielzeit" zu den festgesetzten Zeiten durch. Füllen Sie anschließend das Tagebuch gemeinsam mit Ihrem Kind aus.

Datum	Dauer	Ort	Was wurde in dieser Zeit gespielt?	Bewertung der Positiven Spielzeit (Schulnote 1 bis 6)		Anmerkungen
				Mutter/ Vater	Kind	

Übungskapitel 3:
Sachlich bleiben – Neubewertung von Problemen

Wie werde ich gelassener?

In Familien gibt es eine Reihe von Standardsituationen: Zubettgehen am Abend, Waschen, Aufstehen und Anziehen am Morgen, Hausaufgaben usw. Diese Situationen treten regelmäßig, meistens sogar täglich auf. Wenn diese Situationen nicht zufriedenstellend ablaufen, entstehen Zeitdruck, Auseinandersetzungen und Ärger bei Kind und Eltern. Viele Eltern fühlen sich dann schnell genervt und denken beispielsweise: „Jeden Tag das gleiche Theater!" oder „Nicht schon wieder! Warum kann das nicht einmal funktionieren?". Viele Eltern fühlen sich dann gestresst, enttäuscht, wütend, hilflos oder ratlos. In diesem Kapitel sollen Sie eine Technik lernen, die Ihnen zu mehr Sachlichkeit verhilft. Sie sollen als dritten Schritt lernen, wie Sie auch in problematischen Situationen ruhig und gelassen bleiben können.

Situationen, Gedanken und Gefühle

Die meisten Menschen glauben, dass Situationen „automatisch" Gefühle bei uns auslösen. Diese Annahme wird beispielsweise in folgenden Sätzen deutlich:
- „Es macht mich so wütend, dass mein Sohn die Hausaufgaben schon wieder nicht gemacht hat!"
- „Ich bin traurig, weil meine Tochter so große Schwierigkeiten in der Schule hat".
- „Ich fühle mich verletzt und verzweifelt, wenn mein Sohn nicht auf mich hört".

Diese Aussagen sind zwar leicht nachvollziehbar, sie sind aber nicht richtig. Denn eine Situation löst kein bestimmtes Gefühl aus. Sonst würden ja alle Menschen in derselben Situation das gleiche Gefühl haben. Glauben Sie, dass alle Eltern auf dieser Welt beispielsweise in Wut geraten, wenn die Hausaufgaben nicht gemacht worden sind? Vielleicht können Sie ja schon über sich selbst sagen, dass Sie eine solche Situation nicht wütend machen würde. Vielleicht würden Sie sich eher traurig, enttäuscht oder hilflos fühlen. Vielleicht würden Sie den unerledigten Hausaufgaben aber auch relativ locker und gelassen begegnen.

Was wir in einer Situation fühlen, hängt also nicht von der Situation selbst ab, sondern davon, wie wir die Situation gedanklich bewerten. Dieser Zusammenhang soll Ihnen durch die folgenden beiden Geschichten beispielhaft verdeutlicht werden.

Geschichte 1

Frau X kommt von ihrer Arbeit nach Hause. Sie geht gleich ins Kinderzimmer, um nach ihrer Tochter zu schauen und zu kontrollieren, ob die Hausaufgaben schon erledigt sind. Auf dem Schreibtisch herrscht Chaos, die Schultasche liegt verschlossen auf dem Stuhl, von ihrer Tochter keine Spur. Frau X denkt: „Die hat schon wieder keine Hausaufgaben gemacht! Wahrscheinlich ist sie wieder zu ihrer Freundin gegangen, um mit ihr gemeinsam diese alberne Fernsehsendung zu schauen. Jetzt reicht es mir wirklich! Die nimmt mich einfach nicht ernst. Sie will mich provozieren. Die kann was erleben, wenn sie nach Hause kommt!". Frau X ist sehr enttäuscht und wütend.

Geschichte 2

Frau Y kommt von ihrer Arbeit nach Hause. Sie geht gleich ins Kinderzimmer, um nach ihrer Tochter zu schauen und zu kontrollieren, ob die Hausaufgaben schon erledigt sind. Auf dem Schreibtisch herrscht Chaos, die Schultasche liegt verschlossen auf dem Stuhl, von ihrer Tochter keine Spur. Frau Y denkt: „Vielleicht muss sie für die Hausaufgaben noch etwas besorgen. Vielleicht ist ihr auch etwas Wichtiges dazwischengekommen. Ich muss sie gleich anrufen und sie fragen!". Frau Y bleibt gelassen und abwartend.

Sie erkennen, dass die Ausgangssituation in beiden Geschichten dieselbe ist. Die Gefühle der beiden Mütter sind aber unterschiedlich, je nachdem wie sie Situation gedanklich bewertet haben.

Das ABC-Modell

Der Zusammenhang zwischen Situation, Gedanken und Gefühlen wird durch das „ABC-Modell" erklärt. Hierbei stehen:

- „A" *für Auslöser,* also für eine Situation oder ein Ereignis, das wir wahrnehmen, z. B. unerledigte Hausaufgaben, eine „Fünf" in Mathematik oder das Kind kommt zu spät abends nach Hause.
- „B" *für Bewertung,* also wie die wahrgenommene Begebenheit gedanklich bewertet wird. Die unerledigten Hausaufgaben können als Provokation aufgefasst werden, die „Fünf" in Mathe als Katastrophe, die Verspätung als Respektlosigkeit. Die Bewertungen können jedoch auch positiver und sachlicher sein.
- „C" *für die Konsequenzen.* Hierbei ist zwischen den Gefühlskonsequenzen (C_G) und den Verhaltenskonsequenzen (C_V) zu unterscheiden. Als Gefühlskonsequenz stellen sich auf die Bewertung „Die nimmt mich einfach nicht ernst!" Ärger und Frustration ein. Das anschließende Schimpfen mit dem Kind wäre eine mögliche Verhaltenskonsequenz.

Das Modell ist schematisch noch einmal auf Arbeitsblatt 10 dargestellt.

Anwendung des ABC-Modells

Die Anwendungsmöglichkeiten des ABC-Modells sollen Ihnen durch das folgende Beispiel näher gebracht werden. Es folgt zunächst ein Beispieltext, bevor aus diesem zwei ungünstige und ein günstiger Verlauf abgeleitet werden.

Beispieltext

Wie Frau X von der Klassenlehrerin erfuhr, hat ihre Tochter Lea die ganze letzte Woche keine Hausaufgaben gemacht. Daraufhin hatte Frau X gestern ein ernstes Wort mit Lea geredet. Es wurde fest vereinbart, dass Lea heute um 14:30 Uhr mit den Hausaufgaben beginnt. Jetzt ist es bereits 15:10 Uhr und Frau X stellt bei einem Kontrollbesuch im Kinderzimmer fest, dass ihre Tochter immer noch nicht angefangen hat, sondern vor dem Computer sitzt und chattet.

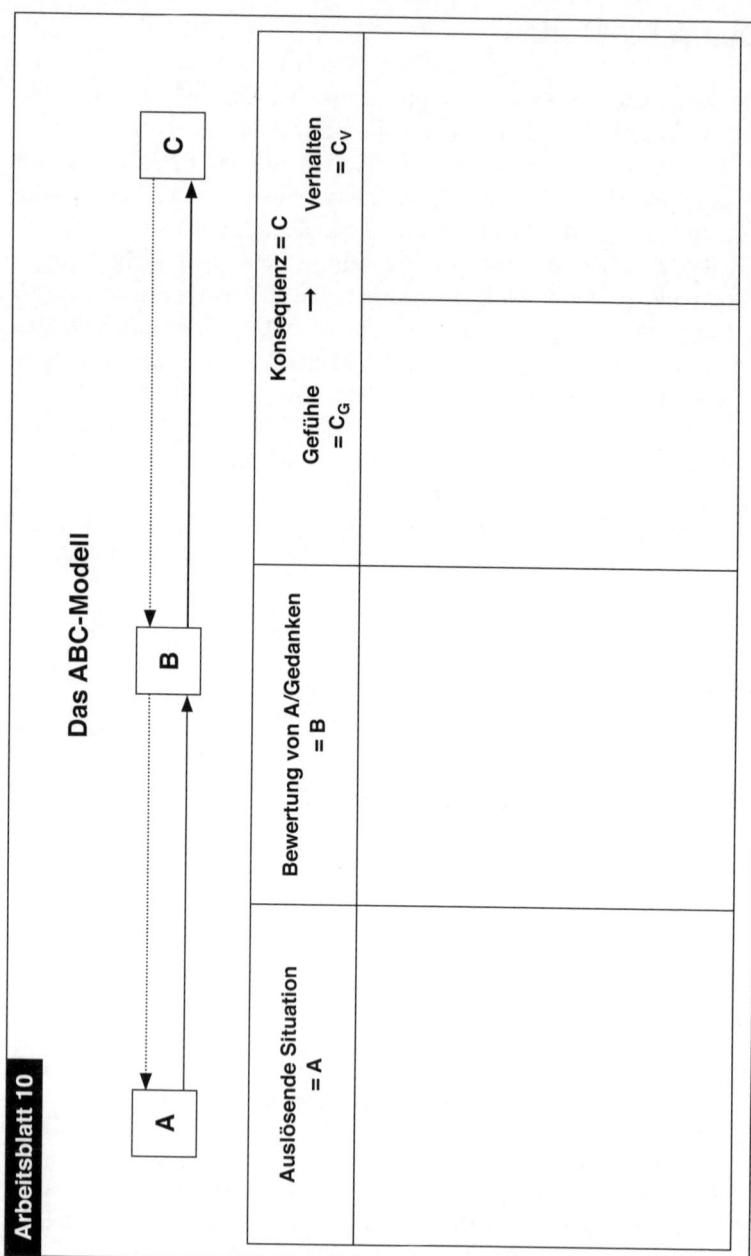

Ungünstiger Verlauf 1:
- A: Tochter macht keine Hausaufgaben, sondern chattet.
- B: „Wieso hört Lea einfach nicht auf mich?", „Sie hat überhaupt keine Achtung vor mir", „Die will mich wohl provozieren".
- C_G: Ärger, Wut
- C_V: Frau X schimpft mit Lea und schaltet den Computer aus.

Ungünstiger Verlauf 2:
- A: Tochter macht keine Hausaufgaben, sondern chattet.
- B: „Mein Wort zählt nichts", „Alles mache ich falsch", „Ich schaffe es nicht mehr", „Ich bin noch nicht einmal in der Lage, mein Kind zu erziehen", „Mir gelingt auch gar nichts".
- C_G: Unzufriedenheit, Traurigkeit, Hilflosigkeit
- C_V: Frau X gibt es auf, die Tochter zur Erledigung ihrer Hausaufgaben anzuhalten. Sie zieht sich zurück und versucht, sich abzulenken.

Günstiger Verlauf:
- A· Tochter macht keine Hausaufgaben, sondern chattet.
- B: „Lea hat die Zeit vergessen", „Sie hat sich beim Chatten ablenken lassen", „Ihr fällt es schwer, sich von den Freunden im Chat zu verabschieden", „Sie hatte vielleicht Schwierigkeiten bei den Hausaufgaben".
- C_G: Verständnis, fürsorgliches Interesse, Gelassenheit
- C_V: Frau X erinnert ihre Tochter ruhig an die Zeit und die Vereinbarung. Sie fordert Lea bestimmt auf, den Chat zu beenden und den Computer auszuschalten. Sie bleibt im Zimmer, bis Lea die Schulsachen herausgeholt hat und fragt ihre Tochter, ob sie Hilfe benötigt.

Eine Situation kann also gedanklich unterschiedlich bewertet werden und so zu ganz unterschiedlichen Konsequenzen führen. Das heißt also, dass das Verhalten eines Kindes ganz verschiedene Gefühle und Verhaltensweisen hervorrufen kann.

Grundsätzlich gilt, dass sich auf negative Gedanken auch negative Gefühle einstellen und dass man in einem negativen Gefühlszustand zu ungünstigem Verhalten neigt. Umgekehrt helfen eher positive oder neutrale Gedanken, in einer Situation gelassen und ruhig zu bleiben. Dadurch wird günstiges Erziehungsverhalten gefördert.

Sie können an dieser Stelle die beispielhaften Verläufe noch einen Schritt weiterdenken: Wie reagiert wohl Lea auf das laute, drohende Schimpfen der Mutter? Wird sie ruhig und artig antworten: „Stimmt Mama, Du hast Recht, ich fange sofort mit den Hausaufgaben an"? Sie wissen, dass dies höchst unwahrscheinlich ist und dass sich Frau X eher auf einen Wutausbruch ihrer Tochter einstellen muss. Es gilt nämlich: Wenn ich mich gegenüber einer Person unangemessen negativ verhalte, wird sich diese Person auch mir gegenüber ungünstig verhalten. Wie man in den Wald hineinruft, so schallt es heraus. Daher ist es besonders wichtig, sich auch in problematischen Situationen ruhig zu verhalten, weil das besonnene und abwägende Erziehungsmaßnahmen begünstigt. Auseinandersetzungen und Eskalationen sind dann weniger wahrscheinlich.

Arbeitsblatt 11 zeigt Ihnen ein weiteres Beispiel für die Anwendung des ABC-Modells. In diesem Beispiel werden für eine Situation zwei ungünstige und ein günstiger Verlauf beschrieben.

Arbeitsblatt 11

Beispiel für das ABC-Modell

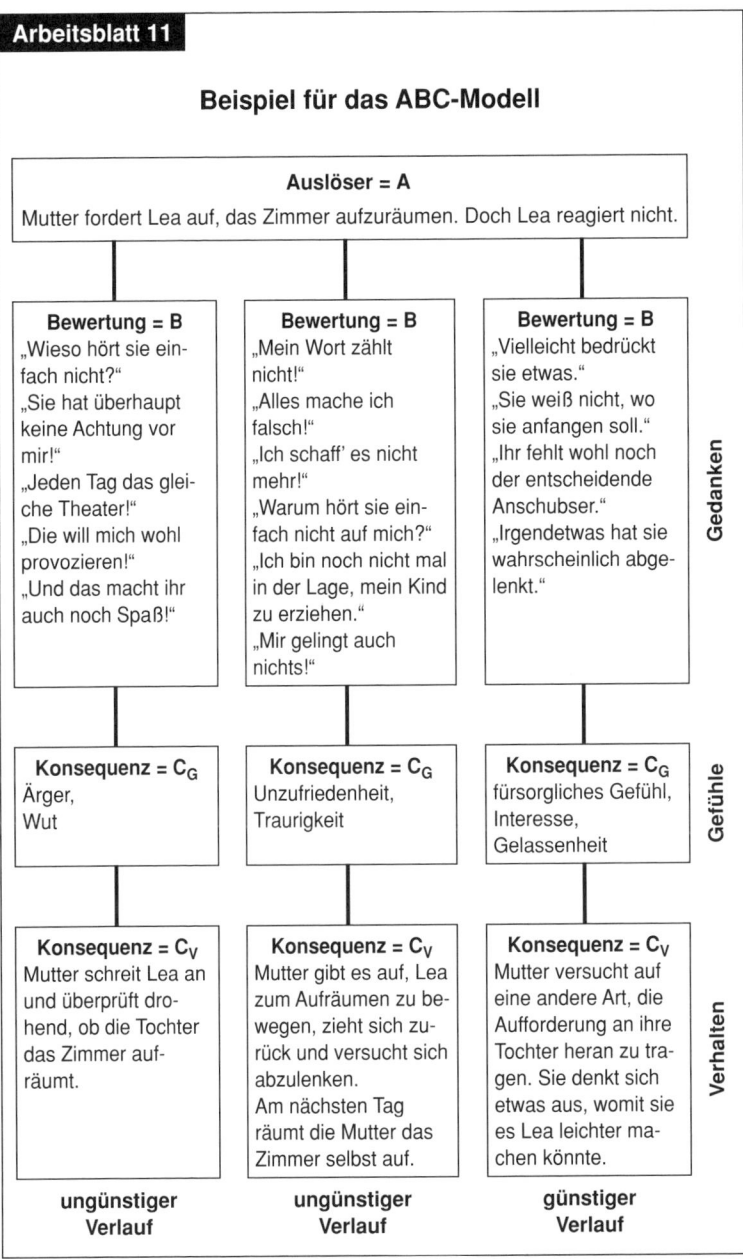

Auslöser = A
Mutter fordert Lea auf, das Zimmer aufzuräumen. Doch Lea reagiert nicht.

Bewertung = B
„Wieso hört sie einfach nicht?"
„Sie hat überhaupt keine Achtung vor mir!"
„Jeden Tag das gleiche Theater!"
„Die will mich wohl provozieren!"
„Und das macht ihr auch noch Spaß!"

Bewertung = B
„Mein Wort zählt nicht!"
„Alles mache ich falsch!"
„Ich schaff' es nicht mehr!"
„Warum hört sie einfach nicht auf mich?"
„Ich bin noch nicht mal in der Lage, mein Kind zu erziehen."
„Mir gelingt auch nichts!"

Bewertung = B
„Vielleicht bedrückt sie etwas."
„Sie weiß nicht, wo sie anfangen soll."
„Ihr fehlt wohl noch der entscheidende Anschubser."
„Irgendetwas hat sie wahrscheinlich abgelenkt."

Gedanken

Konsequenz = C_G
Ärger,
Wut

Konsequenz = C_G
Unzufriedenheit,
Traurigkeit

Konsequenz = C_G
fürsorgliches Gefühl,
Interesse,
Gelassenheit

Gefühle

Konsequenz = C_V
Mutter schreit Lea an und überprüft drohend, ob die Tochter das Zimmer aufräumt.

Konsequenz = C_V
Mutter gibt es auf, Lea zum Aufräumen zu bewegen, zieht sich zurück und versucht sich abzulenken.
Am nächsten Tag räumt die Mutter das Zimmer selbst auf.

Konsequenz = C_V
Mutter versucht auf eine andere Art, die Aufforderung an ihre Tochter heran zu tragen. Sie denkt sich etwas aus, womit sie es Lea leichter machen könnte.

Verhalten

ungünstiger Verlauf

ungünstiger Verlauf

günstiger Verlauf

Und nun Sie!

Sie sind nun mit dem ABC-Modell vertraut – theoretisch. Ziel ist es
aber nicht, Ihnen theoretische Modelle vorzustellen. Vielmehr soll Ihnen
das Modell helfen, bei problematischen Verhaltensweisen Ihres Kindes ruhig und gelassen zu bleiben. Damit Ihnen dies gelingt, müssen
Sie das Modell nun praktisch anwenden. Das sagt sich zwar leicht, ist
jedoch tatsächlich sehr schwierig. Die meisten Situationen, in denen
wir uns gestresst oder ärgerlich fühlen, treten nämlich so häufig auf,
dass unsere negativen Gedanken sofort und automatisch in unser Be-
wusstsein treten. Zudem widerspricht die Vorstellung, dass wir uns bei
schwierigen Situationen erst einmal Zeit nehmen sollen, um das Ereignis gedanklich zu bewerten, unserer Lebenserfahrung und unseren Gewohnheiten. Dies sollen Sie nun aber tun: UMDENKEN! Entwickeln
Sie Alternativen zu Ihren automatischen negativen Interpretationen in
den familiären Standardsituationen.

Als Einstieg bearbeiten Sie bitte Arbeitsblatt 12. Erinnern Sie sich an
eine Situation, in der Sie sich in einer schwierigen Erziehungssituation
ungehalten, ärgerlich oder vorschnell reagiert haben. Notieren Sie für
diesen ungünstigen Verlauf, was der Auslöser (A) war, wie die gedankliche Bewertung (B) aussah, wie Sie sich gefühlt (C_G) und wie Sie reagiert haben (C_V). Überlegen Sie dann, wie ein alternativer günstige-
rer Verlauf aussehen könnte. Hierbei ist es hilfreich, wenn man das
„Pferd erst einmal von hinten aufzäumt":
• Überlegen Sie also zunächst, wie Sie sich günstiger verhalten könnten – beginnen Sie also mit der Verhaltenskonsequenz (C_V).
• Denken Sie dann darüber nach, in welchem Gefühlszustand Sie sich
  befinden müssten, um diese Verhaltenskonsequenz zu zeigen (C_G).
• Im dritten Schritt denken Sie darüber nach, wie Sie die Situation gedanklich bewerten müssten (B), damit Sie sich beispielsweise ruhig
  und gelassen fühlen könnten.

Im Folgenden finden Sie kleine Hilfestellungen für die Bearbeitung des
Arbeitsblattes 12:

Zu A – Auslöser) Achten Sie darauf, dass Sie die Situation objektiv beschreiben. Beschreiben Sie nur das, was Sie beobachten. Vermeiden Sie

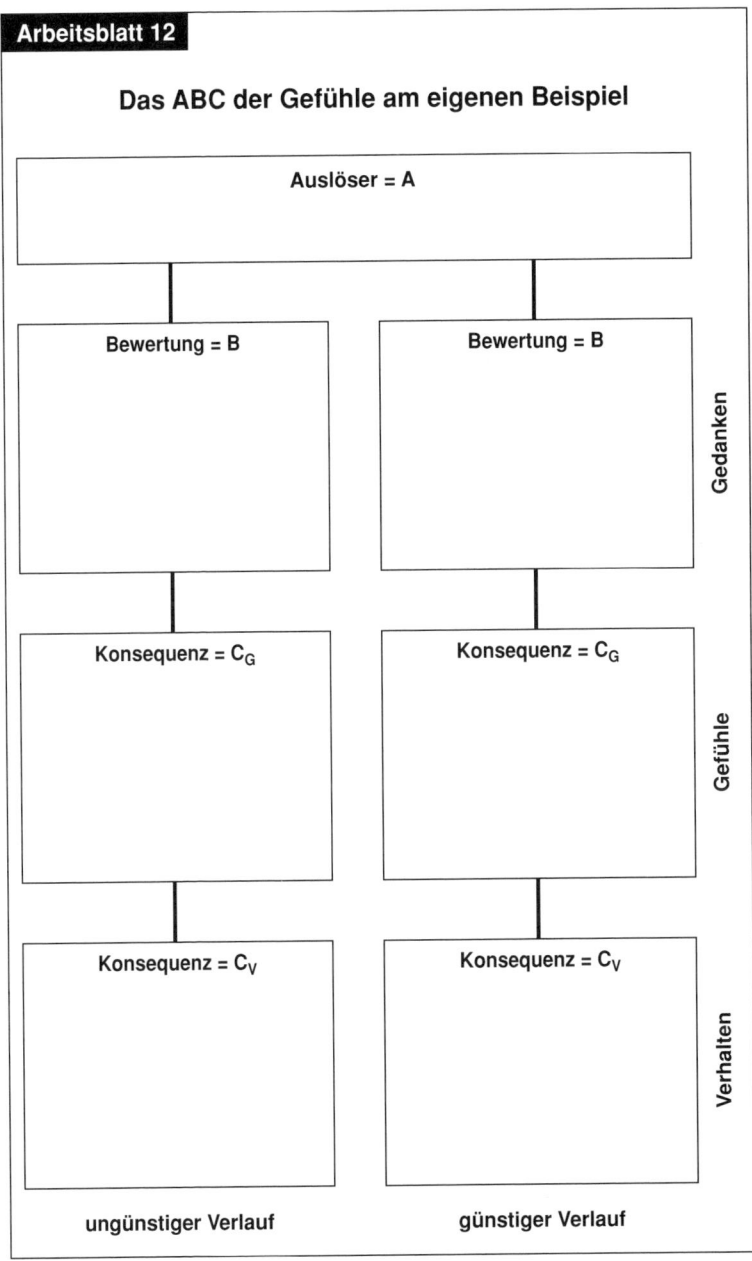

Arbeitsblatt 12

Das ABC der Gefühle am eigenen Beispiel

Auslöser = A

Bewertung = B

Bewertung = B

Konsequenz = C_G

Konsequenz = C_G

Konsequenz = C_V

Konsequenz = C_V

ungünstiger Verlauf

günstiger Verlauf

Gedanken

Gefühle

Verhalten

Annahmen oder vorweggenommene Interpretationen. Hierzu zwei kleine
Negativ-Beispiele:

1. Auslöser: „Das Kind bekommt seinen Willen nicht".

   Das mag zwar durchaus richtig sein, ist jedoch eine Annahme, die
   nicht beobachtet werden kann. Beobachtet wird beispielsweise nur,
   dass das Kind brüllt und die Türen knallt. Die korrekte Beschreibung der auslösenden Situation lautet also:

   Auslöser: „Das Kind brüllt und knallt die Türen".

2. Auslöser: „Es gibt ein Problem".

   Auch in diesem Beispiel wurde ein beobachtbares Ereignis, z.B. das
   Kind macht seine Hausaufgaben nicht, bereits als problematisch bewertet. Die korrekte Beschreibung der auslösenden Situation würde
   lauten:

   Auslöser: „Das Kind macht seine Hausaufgaben nicht".

Zu B – Bewertung) Dies ist sicherlich der schwierigste Punkt im Modell, da Sie hier umdenken und Alternativen finden müssen. Es gibt
eine Frage, die hilfreich bei der Suche nach eher neutralen und günstigen Gedanken sein kann:

„Warum verhält sich mein Kind in diesem Moment gerade so?"

Sie sollen sich also gedanklich in die Lage Ihres Kindes versetzen.
Überlegen Sie z.B., welche Gründe das Kind haben könnte, wenn es
die Hausaufgaben nicht machen will. Ist es überfordert? Wurde es abgelenkt? Hat es Ärger in der Schule gehabt? Hat es die Zeit vergessen?

Bleiben Sie mit Ihren Gedanken in der gegenwärtigen Situation. Gedanken an Zukunft und Vergangenheit werden es Ihnen schwer machen, einen kühlen Kopf zu bewahren. Wenn Sie sich beispielsweise
aufgrund der aufgeschobenen Hausaufgaben einen schlechten Schul-
abschluss in der Zukunft ausmalen oder Sie sich in Erinnerung rufen,
wie oft die Hausaufgaben schon in der Vergangenheit nicht gemacht
wurden, werden Sie kaum einen günstigen Gedanken finden. Bleiben
Sie gedanklich also in dem Moment, in dem das Problem auftritt.

Wenn Ihr Kind an einer psychischen Störung leidet, bedenken Sie, dass bestimmte Verhaltensauffälligkeiten zum Krankheitsbild dazu gehören. So ist es beispielsweise typisch für ein Kind mit ADHS, dass es sich leicht ablenken lässt, trödelt oder die Aufgaben häufig nicht zu Ende führt.

Zu C_G – Gefühlskonsequenz) Es wäre unangemessen, auf problematische Verhaltensweisen Ihres Kindes mit Freude oder Stolz zu reagieren. Ziel ist es daher, dass Sie über neue gedankliche Bewertungen zu „neutralen" Gefühlszuständen gelangen, beispielsweise zu Gelassenheit, Ruhe oder Verständnis.

Zu C_V – Verhaltenskonsequenz) Es ist hier nicht das Ziel, dass Sie sich aus Sicht des Kindes positiv verhalten und beispielsweise mit einer positiven Konsequenz auf Fehlverhalten reagieren. Dies ist ein häufiges Missverständnis. Auf problematisches Verhalten des Kindes kann durchaus eine negative Konsequenz folgen. Aber Ihre Reaktion sollte überlegt, gelassen und sachdienlich sein. Dabei macht der Ton die Musik! Dies soll noch einmal an dem Beispiel von Lea verdeutlicht werden: Es wäre auch ein günstiger Verlauf, wenn Frau X ihrer Tochter erklären würde, dass diese erst dann ihre Freundin besuchen darf, wenn sie ihre Hausaufgaben erledigt hat – solange Frau X dies in ruhigem Ton vermittelt. Zur Erinnerung: Das ABC-Modell soll Ihnen helfen, ruhig und gelassen zu bleiben; negative Konsequenzen sind natürlich weiterhin möglich und auch sinnvoll.

Anfangs fällt es schwer, dieses Modell im Alltag umzusetzen. Wir können Sie nur ermutigen, weil sich die Mühe und regelmäßiges Üben lohnen. Wenn Sie sich Ihrer Meinung nach ungünstig verhalten haben, analysieren Sie die Situation anschließend mithilfe des Arbeitsblattes und denken Sie über eine günstigere gedankliche Bewertung nach. Mit jedem derartigen Versuch erhöhen Sie die Wahrscheinlichkeit, dass Sie beim nächsten Mal alternativ denken, fühlen und handeln.

Das Wichtigste in Kürze:

1. Eine Situation löst nicht automatisch ein Gefühl in uns aus.
2. Das ABC-Modell erklärt, dass wir eine Situation (A) zunächst gedanklich bewerten. Aus diesen Bewertungen (B) resultieren dann Gefühlskonsequenzen (C_G) und Verhaltenskonsequenzen (C_V). A → B → C.
3. Negative Bewertungen einer Situation führen zu negativen Gefühlen und somit auch zu ungünstigen Verhaltensweisen.
4. Wenn es gelingt, eine Situation neutral zu bewerten, ist es eher möglich, ruhig und gelassen zu bleiben und mit günstigerem Verhalten auf die Situation zu reagieren.
5. Die Umsetzung dieses ABC-Modells ist am Anfang ungewohnt. Regelmäßiges Üben ist notwendig. Die Betrachtung vorausgegangener Situationen und die Überlegung alternativer günstiger Gedanken führen zum Erfolg.

Übungen

Übung 1: Wenden Sie in den folgenden Tagen mindestens einmal täglich das ABC-Modell an. Versuchen Sie dabei, den Auslöser neutral zu bewerten, um zu günstigen Gefühls- und Verhaltenskonsequenzen zu gelangen. Auf Arbeitsblatt 13 können Sie die Ereignisse und die Reaktionen protokollieren.

Übung 2: Die folgende Übung zeigt Ihnen, wie sich Gedanken auf unser Befinden auswirken. Suchen Sie aus einem eigenen ungünstigen Verlauf einen negativen Gedanken und aus einem günstigen Verlauf einen eigenen Alternativgedanken. Setzen Sie sich an einen ruhigen Ort und sagen den negativen Gedanken 10× laut vor sich hin. Beobachten Sie dabei, wie Sie sich bei diesem Gedanken fühlen, welche Körperempfindungen sich vielleicht einstellen. Sagen Sie anschließend 10× hintereinander den neutralen oder eher positiven Gedanken laut auf. Achten Sie auch hierbei auf Ihre Empfindungen.

Beispiel: Sagen Sie 10× hintereinander: „Ich habe keine Zeit." Anschließend 10× hintereinander: „Ich schaffe das!"

Eigene Notizen:

Arbeitsblatt 13

ABC-Modell-Protokoll

Protokollieren Sie für jeden Tag mindestens ein Ereignis im Zusammenhang mit Ihrem Kind nach dem ABC-Modell.

Datum	Auslöser/Situation = A	Bewertung/Gedanken = B	Gefühlskonsequenz = C_G	Verhaltenskonsequenz = C_V

Übungskapitel 4:
Veränderung problematischer Abläufe

Ab jetzt läuft es anders

Nachdem Sie im Übungskapitel 3 erfahren haben, wie Sie auch in schwierigen Situationen einen kühlen Kopf bewahren können, möchten wir Sie in diesem Kapitel anregen, die Abläufe von schwierigen Standardsituationen zu verbessern. Situationen, die für Eltern und Kinder unbefriedigend verlaufen, sollten im vierten Schritt so verändert werden, dass alle Familienmitglieder zufriedener sind. Sie erhalten Hinweise, wie beispielsweise das Zubettgehen einvernehmlicher gestaltet werden kann oder wie das morgendliche Aufstehen und das Anziehen des Kindes reibungsloser klappen. Wie Ihnen solche Umgestaltungen am besten gelingen, wird im Folgenden dargestellt.

Veränderung von Standardsituationen

Wichtige Standardsituationen sind gemeinsame Mahlzeiten, Zubettgehen, Aufstehen, die Hausaufgaben oder der Empfang von Besuch. Diese Situationen strukturieren den Alltag in der Familie, sie treten regelmäßig, viele sogar täglich auf. Wenn sie nicht reibungslos gelingen, gibt es Probleme und Auseinandersetzungen. Viele Eltern haben dann das Gefühl, sie erlebten jeden Tag das „gleiche Theater", was mit einer starken psychischen Belastung einhergehen kann. Viele Eltern fühlen sich in diesen täglichen „Kampfsituationen" hilflos und verzweifelt, wütend und ärgerlich, resigniert und passiv. Die Reaktionen sind dementsprechend: Manche Eltern machen sich zum Beispiel Vorwürfe, weil ihr Kind die Hausaufgaben nicht erledigt, andere Eltern reagieren gereizt und abwertend, wenn ihr Kind beim Zubettgehen trödelt, wieder andere Eltern haben resigniert aufgegeben, für einen rechtzeitigen Start am Morgen zu sorgen und denken sich: „Dann kommt mein Kind eben zu spät zur Schule, ich kann eh nichts machen". Diese Strategien sind nicht geeignet, das Problem zu lösen. Stattdessen sollen die Abläufe in

den Standardsituationen geändert werden. Dazu sind 5 Schritte notwendig:

1. Analyse des bisherigen Ablaufs der Standardsituation
2. Überdenken des Ablaufs
3. Entwurf eines neuen Ablaufplans
4. Besprechung des neuen Ablaufs mit dem Kind
5. Umsetzung des neuen Ablaufs.

Die einzelnen Schritte werden im Folgenden erläutert und anhand eines
Beispiels verdeutlicht.

1. Analyse des bisherigen Ablaufs der Standardsituation

Notieren Sie den aktuellen Ablauf der Standardsituation möglichst konkret. Listen Sie also die einzelnen Schritte auf und notieren Sie, bis zu
welcher Uhrzeit die einzelnen Schritte erfolgen sollten. Sie können mit
unterschiedlichen Farben markieren, welche Arbeitsschritte gut ablaufen und bei welchen Schritten es Schwierigkeiten gibt. Schreiben Sie
beispielsweise mit grüner Farbe die Teilschritte, die Ihr Kind problemlos erledigt, und mit roter Farbe die Aufgaben, die unbefriedigend ablaufen. Zur vollständigen Situationsanalyse können Sie vermerken, was
das Kind gut macht und welche Schwierigkeiten im Ablauf auftauchen.

Beispiel der Mutter von Tom für den morgendlichen Ablauf

6:30 Uhr: Wecken und Aufstehen (gut 👍)

              Tom ist morgens gut gelaunt und steht meist nach dem
              ersten Wecken schon auf.

Bis 6:50 Uhr: Klamotten raussuchen und ins Badezimmer gehen
              (schwierig 👎)

              Tom trödelt in seinem Zimmer, spielt mit verschiede-
              nen Spielsachen. Trotz mehrmaliger Ermahnung sucht
              er sich seine Kleidung nicht aus dem Schrank, geht
              nicht ins Bad. Er weigert sich, sein Spiel zu unterbre-
              chen und trotzt. Häufig kommt es zum Streit, wenn ich
              sein Spiel schließlich beende. Es dauert oft bis 7:15 Uhr,
              bis Tom endlich im Badezimmer ist. Wir geraten dann
              enorm unter Zeitdruck.

Bis 7:10 Uhr: Waschen, Zähne putzen, Anziehen im Bad (gut 👍)

   Wenn Tom endlich mal im Bad ist, klappt das auch gut.
   Das Problem ist aber, ihn dort erst einmal hinzubewe-
   gen.

Bis 7:25 Uhr: Gemeinsames Frühstück in der Küche

   Eigentlich wünsche ich mir, dass wir alle von 7:10 bis
   7:25 Uhr gemeinsam frühstücken. Da Tom vorher aber
   immer trödelt und bockt, bleiben oft nur wenige Minuten, um noch ein kleines Frühstück hastig runter zu
   schlingen. Dadurch sind alle schon am frühen Morgen
   gestresst.

Bis 7:30 Uhr: Jacke und Schuhe anziehen (gut 👍)

   Hier gibt es keine Probleme. Das macht er ganz flott.

7:30 Uhr: Verlassen der Wohnung.

Nachdem Sie Ihren eigenen Ablaufplan notiert haben, vergewissern Sie
sich, wo genau die Schwierigkeiten liegen und was Ihr Kind gut erledigt.

Der beispielhafte Ablaufplan macht deutlich, dass Tom deutlich mehr
Stärken als Schwächen hat. Das Aufstehen gelingt dem Kind problem-

los, das Anziehen von Jacke und Schuhen bewältigt es auch unter Zeitdruck zügig und zuverlässig. Auch Waschen, Zähne putzen, Anziehen
und das Frühstücken würden wohl reibungslos ablaufen, wenn die
Familie nicht hier schon ihrem Zeitplan hinterher laufen würde. Der
„Knackpunkt" besteht beim Übergang vom Spielen im Kinderzimmer
zum Aussuchen der Kleidung und dem Fertigmachen im Badezimmer.
Dieser Schritt klappt nicht und hat die zu kurze Zeit für das Frühstücken zur Folge.

2. Überdenken des Ablaufs

Nach Analyse des Ablaufs sollten die Schwachpunkte im bisherigen
Ablauf bekannt sein. Ziel ist es nun, den Ablaufplan so zu überdenken,
dass die konfliktträchtigen Schwachpunkte „entschärft" werden. Hierzu
können folgende Strategien dienen:
- *Strategie 1: Verschieben Sie problematische Teilschritte auf einen
  anderen Zeitpunkt.*
  Nehmen Sie problematische Teilschritte aus der Standardsituation
  heraus und verschieben Sie diese auf einen anderen Zeitpunkt. Wenn
  im täglichen Ablauf die Erledigung einer bestimmten Aufgabe nicht
  funktioniert und Schwierigkeiten bereitet, sollte darüber nachge-
  dacht werden, ob dieser Arbeitsschritt auf eine andere Tageszeit verschoben werden kann.
  Beispiel: Das Kind hat am Morgen Schwierigkeiten, seine Schulsachen zu packen. Es wirkt dabei unorganisiert und trödelnd, sodass
  sehr viel Zeit verloren geht. Diese Aufgabe lässt sich sehr gut aus
  dem morgendlichen Ablauf herausnehmen. Das Kind packt künftig
  seine Schultasche bereits am Vorabend.
- *Strategie 2: Stellen Sie die Reihenfolge der Arbeitsschritte um.*
  Der Ablauf gelingt möglicherweise besser, wenn die Arbeitsschritte in
  einer anderen Anordnung aufeinander folgen. Erfahrungsgemäß tau-
  chen bei einem Kind bei den Aufgaben Probleme auf, die es nicht besonders gerne leiden mag. Die Abläufe gestalten sich häufig einfacher,
  wenn sie nicht mit einer solchen ungeliebten Tätigkeit beginnen.
  Beispiel: Der Start der Hausaufgaben gelingt besser, wenn mit den
  Aufgaben für das Lieblingsfach begonnen wird. Für einen kleinen
  Morgenmuffel kann der Start in den Tag leichter sein, wenn er zunächst gemeinsam mit seinen Eltern frühstücken kann. Eine andere

Strategie der Umstellung besteht darin, auf eine unbeliebte Aufgabe einen positiven Arbeitsschritt als Anreiz folgen zu lassen.

- *Strategie 3: Wählen Sie für die problematischen Aufgaben einen anderen Ort.*
Manchmal ist ein Ort ungeeignet für die Erledigung einer Aufgabe. Dies ist besonders zutreffend, wenn der Raum sehr viele Ablenkungsmöglichkeiten bietet.
Beispiel: Das Kind macht seine Hausaufgaben am Küchentisch, wenn es sich von den vielen Spielsachen im Kinderzimmer leicht ablenken lässt. Auch das Anziehen der Kleidung funktioniert häufig besser im Badezimmer, das weniger Ablenkung bietet als das Kinderzimmer.

- *Strategie 4: Belohnen Sie Ihr Kind.*
Belohnen Sie Ihr Kind für die Erledigung schwieriger Teilschritte und für einen reibungslosen Ablauf. Kinder lassen sich sehr gut zur Erledigung von Aufgaben motivieren, wenn ihnen hierfür etwas Positives in Aussicht gestellt wird. Eine positive Aktivität kann wie ein Ritual in den Ablauf eingebaut werden.
Beispiel: Das Erledigen der Hausaufgaben wird mit einer Tasse Kakao belohnt. Zur Verhinderung von Trödeleien kann ein solches Ritual mit einer Uhrzeit verknüpft werden, zum Beispiel mit einer Vorlesezeit von 19:30 bis 20:00 Uhr. Wenn das Kind sich bis 19:30 gewaschen und bettfertig gemacht hat, werden ihm noch eine halbe Stunde lang Geschichten vorgelesen. Trödelt das Kind beim Fertigmachen, verkürzt sich entsprechend die Vorlesezeit. Eine weitere Strategie ist es, den erfolgreichen Ablauf der Standardsituation in den Punkte-Plan einzubauen (siehe Übungskapitel 5).

Beispiel

Die Mutter von Tom stellt bezüglich ihres Ablaufplans folgende Überlegungen an:

- Ihr Kind sollte besser mit ihr gemeinsam schon am Vorabend aussuchen, welche Kleidung es am nächsten Tag anziehen möchte. Dieser Arbeitsschritt wird also aus der Standardsituation herausgenommen (Strategie 1).
- Direkt nach dem Aufstehen sollte das Kind ins Badezimmer gehen. Dabei sollte das Kind begleitet werden, damit es gar nicht erst mit dem Spielen anfängt. Für das Spielen ist dann nach dem Frühstück Zeit, wenn alle Aufgaben zügig erledigt worden sind (Strategie 4).

3. Entwurf eines neuen Ablaufplans

Nach der Analyse des bisherigen Ablaufs und dem Überdenken der
Schwachstellen erfolgt im nächsten Schritt der Entwurf des neuen Ablaufplans. Dieser sollte ebenfalls wieder möglichst konkret zu Papier
gebracht werden.

Beispiel

Die Mutter von Tom stellt folgenden neuen Plan auf:

Am Vorabend: Kleidung aussuchen und bereit legen

6:30 Uhr: Wecken und Aufstehen

Anschließend direkt ins Badezimmer gehen.

Bis 6:50 Uhr: Waschen, Zähne putzen, Anziehen im Bad

Gemeinsames Frühstück in der Küche

Ab 7:10 Uhr: Spielzeit im Kinderzimmer.

> Wenn Tom rechtzeitig im Bad fertig war, spielen wir gemeinsam
> ein Kartenspiel.

7:25 Uhr: Spielzeit beenden, Jacke und Schuhe anziehen.

7:30 Uhr: Verlassen der Wohnung.

4. Besprechung des neuen Ablaufs mit dem Kind

Es ist sehr wichtig, dass Sie Ihrem Kind den neuen Ablauf, so wie Sie
ihn geplant haben, vorstellen. Erfahrungsgemäß gelingen viele Standardsituationen nicht, weil den Kindern nie mitgeteilt wurde, wie genau
sie ablaufen sollen. In diesem Fall haben die Kinder in der Regel einen
ganz anderen Ablauf im Kopf als die Erziehungspersonen, sodass die
Schwierigkeiten Folge unterschiedlicher Vorstellungen sind. Kind und
Erziehungsperson versuchen dann immer wieder, den Ablauf nach ihren
Plänen durchzusetzen und sind enttäuscht, wenn ihr Plan vom anderen
durchkreuzt wird.

Manchmal genügt es sogar schon, mit dem Kind über den geplanten
Ablauf zu sprechen, um die Standardsituation zu verbessern. So gelang

es beispielsweise einer Mutter nicht, einen neuen Ablaufplan zu entwerfen. Da sie berufstätig und Mutter mehrerer Kinder war, hatte sie wenig Spielraum beim Aufstehen und Fertigmachen am Morgen. Sie entschied sich daher, mit ihren Kindern zunächst den bisherigen Ablauf zu besprechen. Sie zeigte ihren Kindern die Situationsanalyse und besprach, welche Schwierigkeiten es jeden Morgen gab und wie sie sich den Ablauf eigentlich vorstellte. Auch den Kindern fiel keine bessere Lösung ein. Der morgendliche Ablauf funktionierte fortan jedoch deutlich besser. Die Kinder hatten durch die Besprechung nämlich verstanden, wie sich ihre Mutter den Ablauf vorstellte, wie die Schwierigkeiten aussahen und weshalb sie sich schon am frühen Morgen so oft stritten.

Bei der Besprechung des neuen Ablaufs sollten Sie offen für die Anregungen Ihres Kindes sein. Sollte das Kind mit dem Ablaufplan nicht einverstanden sein, lassen Sie es eigene Vorschläge machen. Prüfen Sie dann gemeinsam, ob diese Vorschläge umsetzbar sind. Kinder zeigen sich meist wesentlich kooperativer, wenn sie mitentscheiden dürfen. Die Besprechung des Ablaufplans dient also auch dem Aufbau von Motivation.

5. Umsetzung des neuen Ablaufs

Nach der Besprechung sollten Sie den neuen Ablauf bei der nächsten Gelegenheit umsetzen. Ein Aufschieben würde das Kind nach dem gemeinsamen Besprechen verwirren und die Wirkung der Besprechung schmälern. Zudem würden Sie sich durch eine Verzögerung der Umsetzung aus Sicht des Kindes unglaubwürdig machen ("Die/Der sagt zwar immer viel, aber es passiert eh nichts").

Als Erziehungsperson ist es Ihre Aufgabe, den neuen Ablaufplan konsequent einzuhalten. Dies wird sie zu Beginn wahrscheinlich Kraft kosten, da Kinder häufig noch in die alten Muster zurückfallen. Beharren Sie dann auf der Einhaltung des neuen Ablaufs. Nur so wird Ihr Kind erkennen, dass Sie es ernst meinen, und den neuen Ablauf erlernen. Loben Sie Ihr Kind, wenn es sich wie erwünscht verhält.

Wie bereits erwähnt, kann die Einführung des Punkte-Plans (vgl. Übungskapitel 5) bei der Umsetzung des neuen Ablaufs sehr hilfreich sein. Das
Kind erhält dann einen Punkt, wenn der Ablauf wie erwünscht gelungen ist.

Das Wichtigste in Kürze:

1. Unter „Standardsituationen" versteht man solche Abläufe, die regelmäßig oder sogar täglich auftreten, beispielsweise morgens aufstehen, anziehen und frühstücken oder das abendliche Zubettgehen.
2. Wenn diese Standardsituationen nicht gelingen, geht dies mit einer
   hohen Belastung für die Familienmitglieder einher. In diesem Fall
   sollte der Ablauf verändert werden.
3. Die Veränderung eines Ablaufs erfolgt in 5 Schritten:
   1. Analyse des bisherigen Ablaufs
   2. Überdenken des Ablaufs
   3. Entwurf eines neuen Ablaufplans
   4. Besprechung des neuen Ablaufs mit dem Kind
   5. Umsetzung des neuen Ablaufs.

Übungen

Übung 1: Wählen Sie anhand Ihres persönlichen Belastungsprofils
(Übungskapitel 1) eine Standardsituation aus, die unbefriedigend ver-
läuft und die Sie gerne verändern möchten. Verändern Sie den Ablauf
in den fünf Schritten. Sie können hierzu Arbeitsblatt 14 verwenden.

Übung 2: Protokollieren Sie, wie gut der neue Ablauf umgesetzt wird
und welche Schwierigkeiten evtl. auftauchen (Arbeitsblatt 15). Besprechen Sie diese Protokolle am Ende jeder Woche mit dem Kind.

Eigene Notizen:

Abläufe analysieren und verändern

Welchen Ablauf möchten Sie verändern?

Wie läuft es aktuell? (IST)	Welcher Ablauf ist gewünscht? (SOLL)

Arbeitsblatt 15

Protokoll für den neuen Ablauf

Setzen Sie den geplanten neuen Ablauf um. Besprechen Sie dies vorher mit Ihrem Kind. Berücksichtigen Sie Vorschläge des Kindes bzgl. des Ablaufs, damit Ihr Kind ihn auch akzeptiert.

Füllen Sie das Protokoll jedes Mal aus, wenn die Situation, für den Sie den Ablauf erstellt haben, eintritt.

Protokoll für den neuen Ablauf in der Situation: _____

Datum	Wurde der geplante Ablauf vom Kind eingehalten? (Schulnote 1–6)	Wie gut haben Sie sich selbst an den geplanten Ablauf halten können? (Schulnote 1–6)	Sind Schwierigkeiten aufgetaucht? Welche?	Was hat problemlos geklappt?

Arbeitsblatt 15a – 2. Situation

Protokoll für den neuen Ablauf

Setzen Sie den geplanten neuen Ablauf um. Besprechen Sie dies vorher mit Ihrem Kind. Berücksichtigen Sie Vorschläge des Kindes bzgl. des Ablaufs, damit Ihr Kind ihn auch akzeptiert.

Füllen Sie das Protokoll jedes Mal aus, wenn die Situation, für den Sie den Ablauf erstellt haben, eintritt.

Protokoll für den neuen Ablauf in der Situation: _____

Datum	Wurde der geplante Ablauf vom Kind ein-gehalten? (Schulnote 1–6)	Wie gut haben Sie sich selbst an den geplanten Ablauf halten können? (Schulnote 1–6)	Sind Schwierigkeiten aufgetaucht? Welche?	Was hat problemlos geklappt?

Übungskapitel 5:
Positive und negative Konsequenzen

Konsequenzen

Dieses Kapitel vermittelt, wie Sie sich „konsequent" verhalten. Hierzu wird ein einfaches Modell vorgestellt, das erklärt, welche Konsequenzen es gibt und was man unter „konsequentem Verhalten" versteht. Positive und negative Konsequenzen werden erläutert. Im fünften Schritt sollen Sie lernen, wie Sie erwünschtes Verhalten Ihres Kindes gezielt fördern und wie Sie das unerwünschte Verhalten Ihres Kindes eingrenzen.

Kurzer Ausflug in die Lerntheorie

Abbildung 1 zeigt ein vereinfachtes Modell zu positiven und negativen Konsequenzen. Demnach folgt auf ein Verhalten (V) immer eine Konsequenz (K). Wenn es eine positive Konsequenz (K+) ist, wird dieses Verhalten zukünftig häufiger auftreten (V↑). Verwendet ein Kind beispielsweise ein Schimpfwort (V), worauf die Mitschüler lachen, weil sie das sehr lustig finden (K+), wird das Kind in Zukunft sehr wahrscheinlich vermehrt Schimpfwörter äußern (V↑).

Hat ein Verhalten (V) hingegen eine negative Konsequenz (K−) zur Folge, tritt es künftig seltener auf (V↓). Fasst ein Kind z.B. auf die heiße Herdplatte (V), wird es sich die Finger verbrennen (K−) und dieses Verhalten daher in Zukunft unterlassen (V↓).

Mit diesem Modell möchten wir Ihnen Folgendes sagen: Lassen Sie auf erwünschtes Verhalten Ihres Kindes, welches Sie in Zukunft häufiger sehen möchten, eine positive Konsequenz folgen. Auf unerwünschtes Verhalten hingegen muss eine negative Konsequenz folgen, damit dieses Verhalten in Zukunft seltener oder gar nicht mehr auftritt.

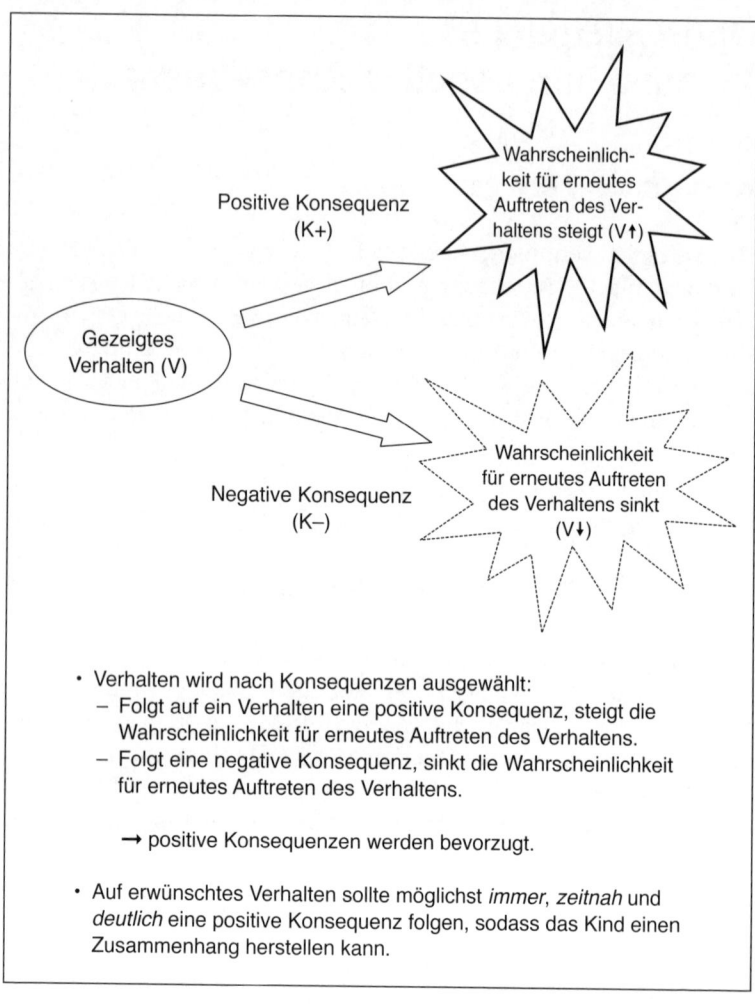

Abbildung 1: Einfaches Modell zum Zusammenhang zwischen Konsequenzen und Verhalten.

Im nächsten Abschnitt werden zuerst positive Konsequenzen und ihr Einsatz beschrieben, bevor anschließend auf die negativen Konsequenzen eingegangen wird.

Wir möchten Sie dazu ermutigen, vor allem positive Konsequenzen einzusetzen, um Ihr Kind erwünschte Verhaltensweisen erlernen zu lassen. Wie in vorausgegangenen Kapiteln ausgeführt, neigen Eltern zum Strafen insbesondere dann, wenn sie sich in einer Zwangsinteraktion befinden. Sie versuchen, das gewünschte Verhalten „herbeizustrafen", was nicht gelingt, weil die Strafen aufgrund ihrer Häufigkeit unwirksam geworden sind. Außerdem sind die angedrohten Strafen oft unverhältnismäßig hoch, nicht realisierbar und daher auch nicht effektiv. Ein Ausstieg aus der Zwangsinteraktion gelingt Eltern und Kindern leichter, wenn auf erwünschtes Verhalten, gelungene Teilschritte oder Anstrengungen des Kindes positive Konsequenzen folgen.

Positive Konsequenzen

Positive Konsequenzen sind sehr wichtig für die Entwicklung eines Kindes. Sie tragen beispielsweise zu einem gesunden Selbstbewusstsein bei und führen dazu, dass sich ein Kind mehr zutraut, sich sicherer in neuen Situationen fühlt, besser mit Kritik umgehen kann und offen seine Meinung äußert. Kinder, die viele positive Konsequenzen erfahren, zeigen sich in der Regel auch kooperativer gegenüber anderen, sind ausgeglichener und zufriedener, zeigen eine höhere Bereitschaft sich anzustrengen im Vergleich zu Kindern, die nur wenige positive Rückmeldungen erhalten.

Es gibt viele Dinge und Verhaltensweisen, die von Kindern als eine positive Konsequenz aufgefasst werden. Neben materiellen Belohnungen wie beispielsweise Süßigkeiten, Sammelkarten oder Sticker haben viele elterliche Reaktionen den Charakter einer positiven Konsequenz. So können z. B. ein bestätigendes Zunicken, freundliches Lächeln, die Äußerung eines Lobes, ein Klopfen auf die Schulter oder eine Umarmung eine wirksame positive Konsequenz sein. Tabelle 1 gibt einen Überblick darüber, was grundsätzlich als eine positive Konsequenz wahrgenommen werden kann.

Bewusst werden in der Tabelle keine Süßigkeiten als positive Konsequenz aufgeführt. Viele Studien zeigen nämlich, dass Kinder unangemessene Problemlösestrategien entwickeln können, wenn Nahrung als Belohnung wahrgenommen wird. Essen aus Langeweile, Frust, Traurigkeit, Nervosität kann sich so festigen und zu problematischem Übergewicht führen. Süßigkeiten sollten also nicht als positive Konsequenz eingesetzt werden.

Tabelle 1: Auflistung positiver Konsequenzen

Was wirkt als positive Konsequenz?	
körperlich • körperliche Zuwendung, beispielsweise Umarmung • zugewandte Körperhaltung • Blickkontakt	**Zeit schenken** • Zeit anbieten • aktives Zuhören, interessiert sein
verbal, loben • vor einer Gruppe loben oder anerkennen • Mühe anerkennen • Leistungen bestätigen	**unangenehme Erlebnisse abhalten** • helfen, sich nicht zu blamieren • über Fehler hinwegsehen, wenn die Mühe deutlich ist • ermutigen
non-verbal, mimisch • Begeisterung und Freude zeigen • Mitgefühl zeigen • eindeutig Aufmerksamkeit nonverbal zeigen, z. B. mimisch	**materielle Belohnungen** • Sammelkarten, Sticker, Zeitschrift etc.

Vorsicht vor der negativen Aufmerksamkeit!

Gerade bei „schwierigen" Kindern, welche ihre Eltern fast pausenlos fordern, hat sich häufig ein Teufelskreis entwickelt: Die Eltern solcher Kinder sind für jede Ruhepause dankbar – zu Recht! Sie ziehen sich daher häufig zurück, wenn sich das Kind einmal angemessen verhält und sich ruhig alleine beschäftigt. Wenn sich das Kind dann „zurückmeldet" und Aufmerksamkeit sucht, versuchen viele betroffene Eltern, das Kind noch einmal „wegzuschicken", um die erholsame Zeit etwas zu verlängern („Spiel doch noch ein bisschen weiter", „Lass mich noch 10 Minuten ruhen", „Mach doch noch ein Puzzle" …). Auf das angemessene Verhalten des Kindes folgt also keine positive Konsequenz, das Kind erhält keine Zuwendung. Hat ein Kind in dieser Situation jedoch das Bedürfnis nach elterlicher Aufmerksamkeit, gibt es nur noch einen Ausweg: Es verhält sich unerwünscht. Es lernt, dass Schreien, Streit mit dem Geschwisterkind oder Toben in der Wohnung garantiert zu mehr elterlicher Aufmerksamkeit führen. Auch wenn die Eltern nur mit „negativer" Aufmerksamkeit, z.B. Schimpfen, darauf reagieren, empfinden viele Kinder das als die bessere Alternative im Vergleich zu gar keiner oder unzureichender Aufmerksamkeit. Die negative Aufmerksamkeit wird in diesem Fall nicht als Bestrafung (negative Konsequenz) aufgefasst, sondern als ein positives Ereignis. Aus der Perspektive des Kindes könnte man folgende Regel formulieren: „Wenn ich mich ruhig verhalte, interessiert sich eh keiner für mich. Ich muss mich erst so richtig daneben benehmen, damit mich jemand beachtet". Aus Kindersicht folgt also auf das unangemessene Verhalten (V) eine positive Konsequenz (K+), was mittel- und langfristig dazu führen wird, dass die unangemessenen Verhaltensweisen des Kindes zunehmen. Da dies zu weiteren Belastungen für die Eltern führt, werden diese sich häufiger und noch stärker zurückziehen, wenn sich das Kind endlich angemessen verhält. Und so wird der Teufelskreis gefestigt.

Der günstigste Ausweg aus dieser Situation ist, das angemessene Verhalten des Kindes zu belohnen, also positive Konsequenzen folgen zu lassen. Die Eltern sollten also auf erwünschte Verhaltensweisen (V) mit besonderer Aufmerksamkeit und Zuwendung reagieren (K+), beispielsweise großes Interesse am Spiel des Kindes zeigen oder das Mitspielen anbieten. Dieser Ausweg ist aus Elternsicht anstrengend, da gerade zu Beginn auf das berechtigte Bedürfnis nach Abstand und Ruhe verzichtet werden muss. Langfristig lohnt sich diese Mühe jedoch, weil der Teufelskreis dadurch aufgebrochen und verlassen wird.

Die „Eskalations-Falle"

Ein Beispiel für die „Eskalations-Falle" ist folgende Begebenheit: Eine Mutter geht mit ihrem Kind in den Supermarkt. An der Kasse möchte das Kind eine Süßigkeit. Die Mutter ist dagegen und fordert ihr Kind auf, die Süßigkeit zurückzulegen. Das Kind reagiert mit Wiederholungen seiner Forderung, wobei sich die Lautstärke stetig steigert und der Ton verschärft („Ich will das aber haben! MAMA! Ich will das haben!!!!"). Die Mutter zeigt sich weiterhin konsequent und wiederholt ihren Standpunkt. Das Kind gibt jedoch nicht kampflos auf und zieht sämtliche Register: Schreien, Stampfen, Weinen, zu Boden werfen, Schimpfwörter. Die Mutter fühlt sich einerseits hilflos und andererseits sehr beschämt wegen der Blicke der anderen Kunden. Und schließlich fällt der entscheidende Satz: „Ok, Du kannst es haben, aber sei bitte endlich ruhig!". Die Eskalations-Falle schnappt zu!

Hier die lerntheoretische Analyse: Das unerwünschte Verhalten des Kindes (V) führt zum Erhalt einer Süßigkeit (K+). Das Kind lernt also: „Ich muss nur lange genug schreien, toben und weinen, dann erhalte ich auch meine Belohnung". Die Mutter kann sich also darauf einstellen, dass sich solche Kämpfe zukünftig häufiger abspielen werden (V↑).

Sie fragen sich, wie die Mutter die Eskalations-Falle vermeiden könnte? Wahrscheinlich können Sie sich die Antwort schon denken. Die Lösung ist theoretisch einfach, aber praktisch sehr schwer umzusetzen. Auf das Verhalten des Kindes darf auf keinen Fall eine positive Konsequenz folgen. Die Mutter darf also ihren Standpunkt nicht aufgeben und nicht nachgeben. Sie muss durch diese

Situation durch. Dabei kann es hilfreich sein, sich bewusst zu machen, dass das Kind die Konsequenz der Mutter in dieser Situation dringend braucht, um eine wichtige Regel zu lernen: unerwünschtes Verhalten lohnt sich nicht.

Falls Ihnen dieses Beispiel bekannt vorkommt, hier ein kleiner Tipp: Erlauben Sie Ihrem Kind zu Beginn des Einkaufes, sich eine Kleinigkeit auszusuchen und in den Einkaufswagen zu legen. Wenn sich das Kind angemessen verhält, bekommt es dies als Belohnung. Sobald sich das Kind unerwünscht verhält, wird die Kleinigkeit wieder weggelegt. So verschaffen Sie sich eine günstigere Ausgangsposition: Sie können auf erwünschtes Verhalten mit einer positiven Konsequenz reagieren und auf unerwünschtes Verhalten eine negative Konsequenz folgen lassen.

Systematischer Einsatz positiver Konsequenzen: der Punkte-Plan

Das Konzept eines Punkte-Plans – manchmal wird er auch „Smiley-Plan" oder „Sonnen-Plan" genannt – ist Ihnen vielleicht schon bekannt. Mithilfe eines solchen Plans wird ein Kind gezielt für erwünschtes Verhalten belohnt. Dadurch wird das erwünschte Verhalten gefördert, sodass es in Zukunft häufiger auftritt und gefestigt wird. Zur Aufstellung des Punkte-Plans sind folgende Schritte notwendig:
1. Legen Sie im Punkte-Plan fest, welche Verhaltensweisen Sie von nun an gezielt belohnen möchten.
2. Legen Sie gemeinsam mit Ihrem Kind eine Wunschliste für Belohnungen an.
3. Besprechen Sie mit Ihrem Kind, wie viele Punkte es für eine Belohnung sammeln muss und wofür es Punkte erhält.
4. Vergeben Sie Punkte möglichst direkt dann, wenn Ihr Kind sich wie erwünscht verhalten hat und loben Sie Ihr Kind. Übertragen Sie am Tagesende gemeinsam mit Ihrem Kind die gesammelten Punkte in das Punkte-Poster.
5. Tauschen Sie Punkte möglichst zeitnah in Belohnungen aus der Wunschliste um, wenn Ihr Kind die notwendige Punktzahl erreicht hat.
6. Ausschleichen.

Die einzelnen Schritte werden im Folgenden detailliert erläutert.

1. Erstellung des Punkte-Plans

Überlegen Sie zunächst, welche Verhaltensweisen Sie sich von Ihrem Kind wünschen. Hier empfiehlt es sich, das Belastungsprofil heranzuziehen. Betrachten Sie erneut Ihre „Problemgipfel", also die Situationen, die Sie sehr belasten. Überlegen Sie dann, wie sich Ihr Kind verhalten sollte, damit Sie zufriedener wären. Formulieren Sie als „Vereinbarung" im Punkte-Plan (Arbeitsblatt 16), welches Verhalten Sie sich von Ihrem Kind wünschen.

Beispiele

1. Im Belastungsprofil ist das „Waschen und Baden" ein Problemgipfel, weil das abendliche Zähneputzen nicht klappt. Das Kind muss mehrmals aufgefordert werden und trödelt dann. Wenn es endlich einmal mit dem Zähneputzen begonnen hat, tut es dies flüchtig und nachlässig in 30 Sekunden, obwohl es ganz genau weiß, wie man sich gründlich die Zähne putzt. Eine wünschenswerte Vereinbarung könnte in diesem Fall folgendermaßen formuliert werden: „Bis 19 Uhr die Zähne 3 Minuten lang putzen".
2. Die „Mahlzeiten" sind sehr belastend, weil das Kind kleckert und Essensreste auf dem Tisch, dem Boden und der Kleidung landen. Eine Vereinbarung könnte wie folgt formuliert werden: „Bei der Mahlzeit bleiben der Essplatz und die Kleidung sauber".
3. Die Hausaufgaben sind ein Problemgipfel im Belastungsprofil, weil das Kind bei der Erledigung trödelt. Es unterbricht zwischendurch immer wieder die Hausaufgaben, um mit seinem Handy zu spielen oder etwas im Fernsehen zu schauen. Es muss wiederholt zum Weitermachen aufgefordert werden. Eine wünschenswerte Vereinbarung sollte sowohl auf die Unterbrechungen als auch auf das langsame Arbeiten eingehen. Die Vereinbarung könnte lauten: „Die Hausaufgaben werden bis 16 Uhr ohne Unterbrechung erledigt".

Sie sollten die Vereinbarung so konkret wie möglich formulieren, um unnötige Diskussionen zu vermeiden. Würde man beispielsweise bei der Vereinbarung im ersten Beispiel auf die Uhrzeit verzichten, wäre Ärger vorprogrammiert: Auf den Hinweis, dass es sich nicht an die Ver-

Arbeitsblatt 16

Punkte-Plan

Vereinbarung	MO	DI	MI	DO	FR	SA	SO
Bsp.: Bis 20 Uhr mit Schlafanzug und geputzten Zähnen im Bett liegen und Zimmer nicht mehr verlassen.	☺	☺	☺	☺	—	☺	—

einbarung gehalten hätte, könnte das Kind nämlich jederzeit behaupten, dass es sich gerade die Zähne putzen wollte. Diskussionen und Streit würden folgen. Mit Festlegung einer konkreten Uhrzeit umgehen Sie solche Diskussionen. Die festgelegte Zeit gibt Ihnen als Erziehungsperson Klarheit und Sicherheit, ob eine Vereinbarung eingehalten worden ist oder nicht. Mithilfe einer Uhr ist dies sehr einfach zu kontrollieren.

Auf diese Weise sollten Sie zu Beginn zwei, maximal drei Vereinbarungen formulieren und in den Punkte-Plan aufnehmen. Gerade bei Einführung eines solchen Belohnungs-Systems sind Überschaubarkeit und gute Kontrollierbarkeit sehr wichtig. Deshalb sollten Sie sich zunächst auf höchstens drei Vereinbarungen beschränken.

2. Die Wunschliste für Belohnungen

Sammeln Sie gemeinsam Wünsche des Kindes, die als Belohnungen erfüllt werden können. Sie sollten hierbei darauf achten, dass gewünschte Belohnungen unterschiedlicher Größe und unterschiedlichen „Charakters" in die Wunschliste für Belohnungen (Arbeitsblatt 17) aufgenommen werden. Die Liste sollte mehrere „kleine" und „mittlere" Belohnungen und nur wenige „große" Wünsche enthalten. Außerdem gehören nicht nur materielle Belohnungen wie Spielzeug, sondern auch gemeinsame Aktivitäten (z.B. Schwimmbad- oder Zoobesuch) und Privilegien (Kochen des Lieblingsessens oder Erlaubnis an einem Abend später als üblich zu Bett gehen zu dürfen) auf die Wunschliste. Beim Sammeln von Wünschen sollten Sie den Gedanken Ihres Kindes weitgehend freien Lauf lassen. Aus Ihrer Sicht unerwünschte oder unrealistische Wünsche, beispielsweise einen Hund, ein Pony oder einen eigenen Fernseher für das Zimmer, sollen aber nicht in die Liste aufgenommen werden. Erklären Sie Ihrem Kind, dass diese Belohnungen nicht möglich sind.

3. Festlegung der Punkte

Als nächstes teilen Sie Ihrem Kind mit, wie viele Punkte es jeweils sammeln muss, um eine gewünschte Belohnung zu erhalten. Tragen Sie die notwendige Punktzahl in die entsprechende Zeile der zweiten

Arbeitsblatt 17

Wunschliste für Belohnungen

Vom Kind und den Eltern gemeinsam auszufüllen	*Von den Eltern auszufüllen*
Wünsche	**Punkte**

Spalte auf Arbeitsblatt 17 ein. Bei der Festlegung der Punktezahl sollten Sie überlegen, wie viele Punkte Ihr Kind theoretisch pro Woche
sammeln kann. Haben Sie beispielsweise zwei Vereinbarungen ge-
wählt, an die sich das Kind täglich halten kann, und zwei Vereinbarungen, die nur an Schultagen erfüllt werden müssen, dann kann das
Kind $7 + 7 + 5 = 19$ Punkte pro Woche sammeln. Folgende Faustregel
hat sich beim Festlegen der Punkte bewährt: Eine „kleine" Belohnung
hat sich das Kind verdient, wenn die Woche überwiegend gut gelaufen
ist. Wenn beispielsweise 19 Punkte pro Woche möglich sind, könnte
das Kind für 14 Punkte „einmal 30 Minuten später zu Bett gehen" oder
ein Päckchen Sticker oder Sammelkarten erhalten. Bei größeren Wünschen können Sie entsprechend überlegen, wie viele „gute Wochen"
die Belohnung wert ist. Scheuen Sie sich auch nicht, für sehr große
oder kostspielige Wünsche eine hohe Punktzahl anzugeben. Es ist für
Kinder eine wichtige Erfahrung, auf große Ziele hinarbeiten und sparen zu müssen. Dazu sind auch Kinder mit ADHS durchaus in der Lage.
Eine Mutter berichtete beispielsweise, dass ihr hyperaktiver Sohn sich
über ein halbes Jahr lang sehr gut an die Vereinbarungen im Punkte-
Plan hielt und sich so für 380 Punkte ein Paar Turnschuhe verdiente.
Sicherlich haben Kinder mit ADHS im Vergleich zu unauffälligen Kindern größere Schwierigkeiten längere Zeit auf etwas hinzuarbeiten, gerade deshalb sind diese Erfahrungen aber sehr wichtig für sie.

Zeigen Sie Ihrem Kind nach Festlegung der Punkte den Punkte-Plan
und erklären Sie ihm, für welche Vereinbarungen es die Punkte sammeln kann.

4. Punkte-Vergabe

Positive Konsequenzen sind umso wirksamer, je schneller Sie auf ein
Verhalten folgen. Geben Sie Ihrem Kind deshalb die Punkte möglichst
direkt nach Einhaltung einer Vereinbarung. Wenn sich das Kind nicht
an eine Vereinbarung gehalten hat, sollten Sie ihm entsprechend unmittelbar mitteilen, dass es keinen Punkt erhält. Hat sich das Kind beispielsweise am Morgen bis zur vereinbarten Uhrzeit gewaschen und
angezogen, sollten die Punkte direkt danach in den Punkte-Plan (Arbeitsblatt 16) eingetragen werden. Dies ist dann eine hochwirksame
positive Konsequenz. Hat sich das Kind nicht an die Vereinbarung ge-

halten, sollte das betreffende Feld im Punkte-Plan einmal durchgestrichen werden.

Bedenken Sie immer, dass die Wirksamkeit einer Konsequenz mit der Zeit abnimmt. Es ist daher *falsch*, mit dem Kind am Tagesende über die Vereinbarungen zu sprechen und ihm erst dann für die Einhaltungen Punkte zu geben, weil diese Konsequenzen zu weit vom eigentlichen Ereignis entfernt sind und daher nicht mehr nachhaltig wirksam sind. Für einen positiven Tagesabschluss können Sie *richtigerweise* mit Ihrem Kind gemeinsam die im Tagesverlauf gegebenen und in den Punkte-Plan (Arbeitsblatt 16) eingetragenen Punkte in das Punkte-Poster (Arbeitsblatt 18) übertragen.

Wie bereits erwähnt, sollte das betreffende Feld im Punkte-Plan einmal durchgestrichen werden, wenn sich das Kind nicht an die Vereinbarung gehalten hat. Tragen Sie *keine* weinenden Gesichter oder Ähnliches ein, da dies dem positiven Charakter des Belohnungssystems widerspricht. Es sollen auch keine schon gesammelten Punkte entzogen werden! Für gutes Verhalten gesammelte Punkte bleiben so lange erhalten, bis das Kind sie in Belohnungen umtauscht.

Ein Kind kann zur Einhaltung der Vereinbarungen motiviert werden, wenn es seine Wünsche und die gesammelten Punkte regelmäßig im Blick hat. Sie sollten daher die Wunschliste für Belohnungen und das Punkte-Poster (Arbeitsblatt 17 und 18) an eine für das Kind gut sichtbare Stelle in der Wohnung hängen, beispielsweise an die Kinderzimmertür. Außerdem sollten Sie Ihr Kind regelmäßig an den Punkte-Plan erinnern. Machen Sie Ihr Kind z.B. kurz vor Ablauf einer vereinbarten Zeit darauf aufmerksam, dass es nur noch wenige Minuten hat, um sich an die Vereinbarung zu halten und einen Punkt zu verdienen.

5. Eintausch der Punkte

Das Kind selbst entscheidet, wann und wofür es Punkte eintauscht. Es darf also wählen, ob es gesammelte Punkte bei erster Gelegenheit gegen eine kleine Belohnung einlöst oder sie lieber für einen größeren Wunsch sammelt. Wenn Ihr Kind Ihnen mitteilt, dass es Punkte einlösen möchte, sollten Sie ihm den Wunsch möglichst zeitnah erfüllen. Selbstverständlich kann niemand – auch Ihr Kind nicht – erwarten, dass Sie sofort alles stehen und liegen lassen, um mit Ihrem Kind beispielsweise ins Schwimmbad zu fahren. Sie sollten aber sofort mit Ihrem Kind einen zeitnahen Termin für die Unternehmung oder den Einkauf vereinbaren.

Eingelöste Punkte werden von dem Punkte-Poster gestrichen.

6. Ausschleichen

Vielleicht haben Sie sich ja schon die Frage gestellt, wie lange Sie eigentlich für solche Vereinbarungen Punkte und Belohnungen geben sollen. Diese Frage ist relativ einfach zu beantworten: Sie sollten die erwünschten Verhaltensweisen Ihres Kindes so lange mit Punkten belohnen, bis das Verhalten stabil, automatisch und routiniert abläuft. Etwas schwieriger zu beantworten ist die Frage, wie der Punkte-Plan „abgesetzt" wird. Hierzu bieten sich zwei Möglichkeiten an:

a) Ausschleichen: Gemäß einem Ausschleich-Schema wird nicht mehr jede Einhaltung einer Vereinbarung durch einen Punkt belohnt, son-

Arbeitsblatt 18

Mein Punkte-Poster

Montag	
Dienstag	
Mittwoch	
Donnerstag	
Freitag	
Samstag	
Sonntag	

dern die Punktevergabe wird kontinuierlich reduziert (ausgeschlichen). Ein solches Schema kann nach folgenden 4 Stufen erfolgen:

+ Stufe 1: Die Einhaltung der Vereinbarung wird nur noch in ¾ der Fälle mit einem Punkt belohnt.

+ Stufe 2: Die Einhaltung der Vereinbarung wird nur noch in ca. der Hälfte der Fälle mit einem Punkt belohnt. Diese Stufe folgt eine bis zwei Wochen auf Stufe 1.

+ Stufe 3: Die Einhaltung der Vereinbarung wird nur noch in ¼ der Fälle mit einem Punkt belohnt. Diese Stufe folgt eine bis zwei Wochen auf Stufe 2.

+ Stufe 4: Punkte werden nicht mehr in einer festgelegten Form vergeben, sondern eher zufällig und unerwartet, sodass das Kind sich die Punktevergabe nicht ausrechnen kann. Diese Stufe folgt eine bis zwei Wochen auf Stufe 3.

Um die Motivation des Kindes zu erhalten, muss bei jeder Stufe auch die Punktezahl auf der Wunschliste für Belohnungen angepasst werden. Das Kind muss dann für eine Belohnung weniger Punkte sammeln, weil es ja auch weniger Punkte erhält.

b) Austausch der Vereinbarungen: Eine andere Möglichkeit ist ein Austausch von Vereinbarungen. Wenn Sie das Gefühl haben, dass sich das Kind zuverlässig und routiniert an eine Vereinbarung hält, können Sie in Absprache mit dem Kind diese Vereinbarung aus dem Punkte-Plan streichen und dafür eine neue Vereinbarung aufnehmen. So können Sie den Punkte-Plan für eine Situation einsetzen, die noch nicht zufrieden stellend abläuft. Auch bei dieser Methode sollte eine Veränderung der Wunschliste erfolgen: Fragen Sie Ihr Kind, ob die Wünsche auf der Liste noch aktuell sind. Bieten Sie Ihrem Kind an, Wünsche auszutauschen oder neue Wünsche in die Liste aufzunehmen. Legen Sie dann erneut die notwendige Punktzahl für die neuen Belohnungen fest. Eine solche Aktualisierung der Wunschliste bietet sich auch immer dann an, wenn Sie den Eindruck haben, dass das Kind nicht mehr für den Punkte-Plan motiviert ist. Geben Sie ihm dann die Möglichkeit, neue Wünsche in die Liste einzutragen.

Punkte-Plan für ältere Kinder?

Ältere Kinder werden besser über ein altersgerechtes Belohnungssystem motiviert. Es gilt also, die Belohnungen sorgfältig mit dem Kind auszuwählen. Die Kinder erhalten in der Regel ein Taschengeld, sodass sich folgendes Belohnungssystem anbietet: Das Kind erhält sein Taschengeld nicht mehr als Selbstverständlichkeit, sondern es muss sich sein Geld verdienen – so wie es die Erwachsenen auch müssen. Das Taschengeld soll also nur noch für die Erledigung von Aufgaben gezahlt werden. Da eine positive Konsequenz umso wirksamer ist, je schneller sie auf das gewünschte Verhalten folgt, ist es wichtig, dass auch das Taschengeld nach Erledigung der Aufgabe ausgezahlt wird und nicht erst am Ende eines Monats. Hierzu ist es notwendig, dass monatliche Taschengeld auf einen wöchentlichen oder täglichen Betrag herunter zu rechnen.

Beispiele

1. Das Kind erhält pro Monat 20 Euro Taschengeld. Es hat die Aufgabe, einmal pro Woche das Altglas zum Container zu bringen. Bei vier Wochen pro Monat sollte das Kind also jede Woche 5 Euro Taschengeld erhalten und zwar nachdem es das Altglas weggebracht hat.
2. Das Kind erhält pro Monat 30 Euro Taschengeld. Das Kinderzimmer soll jeden Abend aufgeräumt sein. Bei 30 Tagen pro Monat sollte das Kind also 1 Euro Taschengeld pro Tag bekommen. Es wird daher vereinbart, dass das Kinderzimmer jeden Tag um 19 Uhr kontrolliert wird. Ist das Zimmer aufgeräumt, erhält das Kind 1 Euro Taschengeld.

Wenn das Kind seine Aufgabe nicht erledigt, wird es nicht belohnt, erhält also auch kein Taschengeld. Einige Teilnehmer unserer Kurse legten sich für diese Fälle eine eigene kleine Spardose an. Wenn das Kind seine Aufgabe nicht erledigte, wanderte das Taschengeld in das Sparschwein der Eltern. Die Eltern nutzten diese Beträge, um sich selbst bei Gelegenheit etwas zu gönnen.

Negative Konsequenzen

Es können drei Arten negativer Konsequenzen unterschieden werden:
Natürliche Konsequenzen, Entzug von Privilegien und Einengung des
Handlungsspielraums. Im Folgenden werden Ihnen die unterschiedlichen Arten von Konsequenzen erläutert und durch Beispiele verdeutlicht.

Natürliche Konsequenzen

Eine natürliche Konsequenz zeichnet sich dadurch aus, dass das Kind
selbst die Folgen eines problematischen oder regelwidrigen Verhaltens
trägt. Es muss also selbst für einen entstandenen Schaden einstehen
oder Verantwortung für Fehlverhalten übernehmen.

Beispiele

1. Das Kind hampelt am Esstisch und stößt dabei sein Glas Saft um.
   → *Konsequenz:* Das Kind muss den verschütteten Saft aufwi-
   schen.
2. Das Kind hat in der Schule vergessen, sich die Hausaufgaben zu
   notieren und kann sich nicht an die Aufgaben erinnern.
   → *Konsequenz:* Das Kind muss einen Mitschüler anrufen und sich
   nach den Hausaufgaben erkundigen.
3. Das Kind zerstört im Streit ein Spielzeug des Geschwisterkindes.
   → *Konsequenz:* Beim nächsten gemeinsamen Einkauf erhält das
   Geschwisterkind ein neues Spielzeug. Das Kind muss sich mit
   seinem Taschengeld an den Kosten beteiligen.

Entzug von Privilegien

Ein Entzug von Privilegien bedeutet, dass attraktive Situationen oder
angenehme Aktivitäten als negative Konsequenz unterbrochen bzw.
vorenthalten werden. Kennzeichnend ist also eine Wegnahme oder eine
Einschränkung.

Beispiele

1. Das Kind hat nicht, wie vereinbart, sein Zimmer aufgeräumt.
   → *Konsequenz:* Das Kind darf nicht am Computer spielen. Es darf den Computer erst wieder benutzen, wenn das Zimmer aufgeräumt ist.
2. Das Kind weigert sich, seine Hausaufgaben zu erledigen.
   → *Konsequenz:* Das Kind darf seine Lieblingssendung nicht anschauen. Es darf den Fernseher erst anschalten, wenn die Hausaufgaben vollständig erledigt sind.
3. Das Kind hat nicht, wie vereinbart, die Spülmaschine eingeräumt.
   → *Konsequenz:* Der gute Freund kann erst besucht werden, wenn die Aufgabe erledigt worden ist.

Die Beispiele machen deutlich, dass sich ein Entzug von Privilegien gut eignet, um die Erledigung von Pflichten durchzusetzen. Das Kind muss also erst eine Aufgabe erledigen, bevor es einer angenehmen Aktivität nachgehen kann. Hinter dieser Art der negativen Konsequenzen steht das bekannte Motto: Erst die Arbeit, dann das Vergnügen. Hierbei ist es sehr wichtig, dass die negativen Konsequenzen vorab angekündigt werden. Das Kind sollte also genau wissen, dass es nicht fernsehen darf, wenn es die Hausaufgaben nicht erledigt. Nur durch solche Vorankündigungen sind die Konsequenzen für das Kind vorhersehbar und verständlich. Ohne Vorankündigung werden diese Konsequenzen meist als Willkür erlebt. Die Erziehungsperson wird vom Kind dann häufig als unberechenbar und unfair wahrgenommen. Sind die Konsequenzen dem Kind hingegen bekannt, zeigen Sie, dass Sie sich zuverlässig und konsequent verhalten, wenn Sie die Konsequenz durchsetzen.

Einengung des Handlungsspielraums

Eine Einengung des Handlungsspielraums erfolgt durch eine körperliche Führung durch die Erziehungsperson. Dies kann durch Festhalten des Kindes realisiert werden oder indem das Kind an die Hand genommen wird. Diese Art der Konsequenz ist also durch eine Einschränkung der Handlungsfreiheit gekennzeichnet.

Beispiele

1. Das Kind befolgt nicht die Aufforderung, sein Spielzeug wegzuräumen; es läuft aus seinem Zimmer.
   → *Konsequenz:* Das Kind wird an die Hand genommen und in sein Zimmer zum Aufräumen geführt.
2. Das Kind wirft seine Schuhe und Jacke im Flur auf den Boden und will schnell zum Spielen in sein Zimmer rennen.
   → *Konsequenz:* Das Kind wird im Flur festgehalten, bis es seine Jacke an die Garderobe gehängt und die Schuhe an ihren Platz gestellt hat.

Diese Art der Konsequenz lässt sich gut bei jüngeren Kindern im Kindergartenalter umsetzen. Bei älteren Kindern sollten Sie diese Konsequenzen jedoch nicht mehr anwenden, da die körperliche Führung Wut und auch Aggression auslösen kann. Sie riskieren dann eine unschöne Auseinandersetzung mit dem Kind.

Weitere Beispiele negativer Konsequenzen

In unseren Elterntrainings haben nicht nur die teilnehmenden Eltern etwas von den Trainern gelernt. Umgekehrt konnten auch wir von den Eltern lernen. Zum Thema „Negative Konsequenzen" wurden zwei sehr gute Ideen von Elternseite vorgebracht, die wir Ihnen nicht vorenthalten möchten.

Die Methode „Blauer Sack"

Eine Teilnehmerin berichtete, dass ihr Kind sich trotz mehrmaliger Aufforderung weigerte, sein Zimmer aufzuräumen. Eine andere Mutter empfahl ihr, alle Spielsachen, die nicht weggeräumt wurden, in einen blauen Sack zu packen und diesen für einige Tage auf dem Dachboden oder in der Garage aufzubewahren.

Auch hier ist es wichtig, dass die Konsequenz für das Kind vorhersehbar und Sie als Erziehungsperson zuverlässig aus Sicht des Kindes reagieren. Auch diese Konsequenz sollte also vorher möglichst konkret angekündigt werden, beispielsweise: „Wenn Du Dein Zimmer bis 18 Uhr nicht aufgeräumt hast, werde ich die Spielsachen, die auf dem Boden liegen, einsammeln und drei Tage lang wegschließen".

Konsequenzen bei schlechten Tischmanieren

Eine andere Teilnehmerin hatte das Problem, dass sich ihre drei Kinder bei den Mahlzeiten nicht an die Tischregeln hielten und sich häufig stritten. Die Umsetzung negativer Konsequenzen gestaltete sich in dieser Situation mit drei Kindern sehr schwierig. Von einer weiteren Kursteilnehmerin kam folgender Vorschlag: Jedes Kind soll zu Beginn der Mahlzeit fünf Murmeln oder Büroklammern erhalten. Wenn ein Kind gegen die Tischregeln verstößt, muss es eine Murmel bzw. Klammer abgeben und in eine Schale auf dem Tisch legen. Das Kind, welches am Ende der Mahlzeit die wenigsten Murmeln bzw. Klammern hat, hilft anschließend in der Küche, beispielsweise den Tisch abzudecken, Geschirr abzutrocknen oder die Spülmaschine einzuräumen.

Das Wichtigste in Kürze:

1. Folgt auf ein Verhalten eine positive Konsequenz, wird dieses Verhalten in Zukunft häufiger auftreten. Hat ein Verhalten hingegen eine negative Konsequenz zur Folge, wird diese Verhaltensweise künftig seltener gezeigt werden.
2. Mithilfe eines Punkte-Plans können erwünschte Verhaltensweisen des Kindes gezielt belohnt werden. Diese Methode eignet sich dazu, positives Verhalten aufzubauen und zu festigen.
3. Es gibt unterschiedliche Arten negativer Konsequenzen. Durch natürliche Konsequenzen soll das Kind lernen, selbst für einen entstandenen Schaden einzustehen und Verantwortung für sein Fehlverhalten zu übernehmen. Mit Entzug von Privilegien und der Einengung des Handlungsspielraums kann die Erledigung von Aufgaben und Pflichten durchgesetzt werden.

Übungen

Übung 1: Punkte-Plan

Erarbeiten Sie einen Punkte-Plan und führen Sie ihn aus. Die wichtigsten Schritte zur Erarbeitung und Durchführung des Punkte-Plans sind auf Arbeitsblatt 19 zusammengefasst.

Übung 2: Konsequenz-Schema

Diese Übung soll Sie auf schwierige Situationen mit Ihrem Kind vorbereiten. In einem solchen Schema wird vorab festgelegt, wie Sie auf unerwünschte Verhaltensweisen Ihres Kindes reagieren. Wenn dann das unerwünschte Verhalten auftritt, wissen Sie genau, wie Sie reagieren können. Das kann schon deshalb sehr hilfreich sein, weil viele Eltern nicht wissen, wie sie auf schwieriges Verhalten reagieren sollen. Infolge dieser Ratlosigkeit greifen sie dann eher auf übertriebene oder unrealistische Strafen zurück, die sie dann eher selten durchsetzen können. Beispielsweise wird ein fünftägiger Hausarrest erteilt – eine aufwändige Strafe, die nur schwer umzusetzen ist. Natürlich verlieren Eltern dann an Glaubwürdigkeit beim Kind, wenn sie diese Konsequenzen nicht durchsetzen. Durch ein Konsequenz-Schema werden Sie berechenbar und zuverlässig für Ihr Kind, da es genau weiß, welche Konsequenzen ein Fehlverhalten nach sich zieht.

Die Erarbeitung eines Konsequenz-Schemas beginnt mit der Auswahl von schwierigen Situationen bzw. unerwünschten Verhaltensweisen des Kindes. Überlegen Sie im zweiten Schritt, wie sie künftig in diesen Situationen reagieren möchten. Sie können positive Konsequenzen folgen lassen, wenn die schwierige Situation wie erwünscht abläuft, oder negative Konsequenzen, wenn das unerwünschte Verhalten auftritt. Berücksichtigen Sie bei der Auswahl der Konsequenzen die unterschiedlichen Arten negativer Konsequenzen. Ein Beispiel für ein Konsequenz-Schema zeigt Arbeitsblatt 20. Ein eigenes Konsequenz-Schema können Sie mithilfe des Arbeitsblattes 21 aufstellen.

Eigene Notizen:

Schritte zum Ausarbeiten und Durchführen
des Punkte-Plans

Schritt 1: Wählen Sie ein Problemverhalten des Kindes aus, welches verändert werden soll. Wählen Sie die Situationen aus, die besonders belastend für Sie sind.

Schritt 2: Überlegen Sie nun, wie das gewünschte Verhalten in dieser Situation aussehen müsste. Vereinbaren Sie mit Ihrem Kind eine möglichst konkrete Regel, um Diskussionen über die Richtigkeit der Umsetzung zu vermeiden. Beschränken Sie sich auf drei Vereinbarungen, um Ihre Familie und sich nicht zu überfordern.

Schritt 3: Legen Sie gemeinsam mit Ihrem Kind fest, welche Belohnung es für welche Punktezahl erhalten kann. Verwenden Sie hierzu die Wunschliste für Belohnungen. Es ist wichtig, eine Belohnung auszuwählen, die einen Anreiz für Ihr Kind darstellt.

Schritt 4: Hängen Sie das Punkte-Poster und die Wunschliste gut sichtbar auf und erinnern Sie Ihr Kind in den entsprechenden Situationen an die Vereinbarungen. Auch Sie müssen sich unbedingt an den Plan halten, sonst verlieren Sie gegenüber Ihrem Kind an Glaubwürdigkeit.

Schritt 5: Geben Sie Punkte möglichst sofort, nachdem sich Ihr Kind wie erwünscht und vereinbart verhalten hat.

Schritt 6: Entziehen Sie keine Punkte!

Schritt 7: Tauschen Sie die Punkte in Belohnungen um, sobald die dafür notwendige Punktzahl zusammengekommen ist und das Kind den Tausch wünscht.

Arbeitsblatt 20

Beispiel für ein Konsequenz-Schema

	Schwierige Situation	Konsequenzen
1.	Das Kind nörgelt ständig im Supermarkt, will alles haben und bekommt einen Wutanfall, wenn es dies nicht bekommt.	Kind bekommt zu Anfang des Einkaufs einen kleinen Anreiz (z. B. Schokoriegel o. Ä.) in den Einkaufswagen. Verhält es sich angemessen, bekommt es die Belohnung am Ende, ansonsten wird sie wieder weggenommen.
2.	Die Brüder streiten sich häufig. Beim gemeinsamen Spielen und Baden kommt es oft zu massiven und körperlichen Konflikten.	Aufmerksamkeit auf das erwünschte Verhalten lenken und verbal loben, wenn es gut läuft (z. B. „Ich sehe, ihr habt Euch vertragen; das ist prima!")
3.	Der Sohn räumt seine Spielsachen nach dem Spielen nicht weg, obwohl die Mutter ihn ständig erinnert.	Das Spielzeug wird für eine bestimmte Zeit weggeschlossen.
4.	Die Tochter verwendet gegenüber den Fltern Schimpfwörter.	Die Eltern ignorieren diese Art der „Ansprache", reagieren nicht darauf.
5.	Das Kind trödelt morgens, braucht viele Ermahnungen.	Das Kind erlebt „natürliche Konsequenzen", indem es zu spät zur Schule kommt.
6.	Das Abendessen dauert sehr lange, weil das Kind trödelt, mit dem Essen spielt, kleckert.	Die abendliche Fernsehsendung kann nicht von Beginn an gesehen werden. Das Kind muss zuerst fertig essen und den dreckigen Tisch abwischen.

Arbeitsblatt 21

Konsequenz-Schema

	Schwierige Situation	Konsequenzen
1.		
2.		
3.		

Arbeitsblatt 16a – Neuer Punkte-Plan

Punkte-Plan

Vereinbarung	MO	DI	MI	DO	FR	SA	SO

Wunschliste für Belohnungen

Vom Kind und den Eltern gemeinsam auszufüllen	Von den Eltern auszufüllen
Wünsche	**Punkte**

Mein Punkte-Poster

Montag						
Dienstag						
Mittwoch						
Donnerstag						
Freitag						
Samstag						
Sonntag						

Übungskapitel 6:
Wirksame Aufforderungen

Regeln für wirksames Auffordern

Viele Eltern klagen darüber, dass sie ihrem Kind „alles hundertmal" sagen müssen. Die Kinder befolgen die Aufforderungen nicht. Ist dies der Fall, haben die Kinder meist zuvor gelernt, dass das Ignorieren der Aufforderungen keine Folgen hat. Denn die Eltern signalisieren häufig schon durch die Art und Weise, wie sie ihre Kinder zu etwas auffordern, dass die Nichtbefolgung nicht geahndet wird oder dass die Eltern schon gar nicht mehr damit rechnen, dass die Kinder ihrer Aufforderung nachkommen. In diesem Kapitel wird beschrieben, wie wirksame Aufforderungen gestellt werden. Wirksame Aufforderungen sind der sechste Schritt zur Lösung von Erziehungsschwierigkeiten.

Für das Stellen wirksamer Aufforderungen gibt es einige Regeln:

1. Beschränken Sie sich auf eine Aufforderung

Sie sollten sich auf eine Aufforderung beschränken. Wenn das Kind der Aufforderung nachgekommen ist, kann ihm eine weitere Aufgabe übertragen werden.

Im Gegensatz zu Kindern haben Erwachsene ein gutes Auge für Aufgaben, die zu erledigen sind. Bei einem Gang durch die Wohnung fällt Vieles auf, was das Kind tun müsste. Ein häufiger Fehler besteht darin, alles auf einmal dem Kind aufzutragen: „Du solltest doch das Katzenklo sauber machen. Stell dann bitte Deine Schuhe ordentlich an ihren Platz, wenn Du wieder rein kommst. Und dann räum endlich Dein Zimmer auf!". Bei einer solchen Aufforderungskette kann man schon froh sein, wenn wenigstens das Katzenklo sauber gemacht wird. Bei einer Aneinanderreihung von Aufforderungen vergisst ein Kind schnell etwas; oder die zu erledigenden Aufgaben erscheinen ihm so viel und nicht zu schaffen, sodass es erst gar nicht damit anfängt. Um das zu vermeiden, sollten Sie sich auf eine Aufforderung beschränken. Wenn diese Aufgabe erledigt ist, kann eine weitere gestellt werden. Bezogen auf das Beispiel sollte das Kind also zunächst nur aufgefordert werden, das Katzenklo sauber zu machen. Im Anschluss soll es dann die Schuhe an ihren Platz stellen.

2. Stellen Sie eine Aufforderung nur, wenn Sie bereit sind, sie auch durchzusetzen

Beim Stellen von Aufforderungen ist es also unerlässlich, dass die Befolgung der Aufgabe durchgesetzt wird oder die Nicht-Befolgung eine negative Konsequenz zur Folge hat.

Eine Aufforderung, die von Eltern nicht durchgesetzt wird und deren Nicht-Befolgung keine Konsequenz hat, ist eine „leere Aufforderung". Solche leeren Aufforderungen haben aus Sicht der Erziehungspersonen zwei negative Folgen:

1. Die Aufforderung wird nicht vom Kind befolgt. Die Arbeit bleibt
   also liegen und muss evtl. von der Erziehungsperson übernommen
   werden, was verständlicherweise zu Frust, Ärger oder einem Gefühl
   von Hilflosigkeit führt.
2. Die Erziehungsperson verliert an Glaubwürdigkeit beim Kind und
   Aufforderungen werden nicht mehr ernst genommen. Das Kind er-
   kennt: „Meine Eltern sagen zwar viel, aber ich muss es eh nicht machen". Die Nicht-Befolgung der Aufforderungen zieht keine negativen Konsequenzen nach sich. Das Kind hat also nicht nur keinen
   Nachteil, sondern sogar den Vorteil, dass es weniger Arbeit hat.

In diesem Zusammenhang soll auch vor „leeren Drohungen" gewarnt
werden. Hierunter verstehen wir die Androhung einer negativen Konsequenz, die aber nicht umgesetzt wird.

Beispiel für eine „leere Drohung"

Die Tochter erhielt von den Eltern die Erlaubnis, eine Katze als Haus-
tier halten zu dürfen, nachdem die Tochter glaubhaft zugesichert hatte,
regelmäßig das Katzenklo zu säubern. Bereits nach wenigen Wochen
schien das Kind seine Zusage vergessen zu haben und musste von den
Eltern wiederholt an die Zusage erinnert und zum Säubern aufgefordert werden. Letztlich drohte der Vater über fünf Jahre lang damit,
die Katze in ein Tierheim zu geben, falls das Katzenklo bis zum Wochenende nicht gereinigt sei. Die Tochter schien unbeeindruckt von
dieser Drohung, da sie bereits genau wusste, dass ihr Vater die Drohung nicht wahr machen und am Ende der Woche das Katzenklo
selbst säubern würde. Der Vater gestand sich selbst ein, dass er seine
Drohung niemals umsetzen würde, da er zu sehr an der Katze hänge.
Die Drohung des Vaters war also unglaubwürdig. Mehr noch, die stän-
dige Wiederholung machte auch den Vater unglaubwürdig.

Weitere extreme Beispiele für leere Drohungen sind das mehrwöchige
Fernsehverbot oder mehrwöchiger „Hausarrest", die erfahrungsgemäß
nicht wie angekündigt durchgesetzt werden – und davon abgesehen
keine sinnvolle Konsequenz darstellen.

Denken Sie also *vor* einer Aufforderung über eine sinnvolle Konsequenz bei Nicht-Befolgung nach. Überlegen Sie, ob Sie diese Konse-

quenz auch durchsetzen würden. Falls Sie sich hierzu nicht bereit fühlen, sollten Sie lieber keine Konsequenz androhen. Denn so behalten
Sie Ihre Glaubwürdigkeit gegenüber dem Kind.

3. Vergewissern Sie sich der Aufmerksamkeit des Kindes

Wenn Sie eine Aufforderung stellen, sollten Sie sicher sein, dass die
Aufforderung auch beim Kind ankommt. Deshalb ist es wichtig, dass
Sie mit dem Kind in Kontakt sind und seine Aufmerksamkeit haben.
Hierfür sollten Sie unbedingt Blickkontakt zum Kind herstellen. Dies
ist besonders wichtig, wenn das Kind mit Fernsehen oder Computer
beschäftigt ist. Nur wenn sich das Kind vom Bildschirm abwendet und
Blickkontakt zu Ihnen aufnimmt, können Sie sich sicher sein, dass es
Ihnen Aufmerksamkeit schenkt. Blickkontakt lässt sich herstellen,
indem man das Kind beim Namen ruft oder leicht an der Schulter be-
rührt.

Erfahrungsgemäß können Sie es sich sparen, eine Aufforderung aus
dem Erdgeschoss über den Treppenaufgang in das Kinderzimmer in
der 1. Etage zu rufen.

4. Formulieren Sie knapp und eindeutig

Die Wirksamkeit von Aufforderungen wird gesteigert, wenn sie eine kurze Begründung enthalten. Also etwa: „Räum Dein Zimmer auf, wir bekommen am Samstag Besuch". Diese Art der Formulierung von Aufforderungen ist sinnvoll, wenn das Kind zu etwas Neuem oder zu einer unüblichen Zeit aufgefordert wird. Sofern es sich jedoch um die Erledigung von Routineaufgaben handelt, sind Begründungen aber überflüssig. Dem Kind muss am Abend nicht erklärt oder begründet werden, weshalb es die Zähne putzen muss oder weshalb es nach der Schule die Hausaufgaben erledigen soll. In diesen Fällen reichen knappe und eindeutige Aufforderungen wie „Putz Deine Zähne" oder „Mach jetzt Deine Hausaufgaben".

„Du weißt ja, dass Dein Vater am Mittwoch Geburtstag hat und am kommenden Samstag deshalb Gäste zu uns ins Haus kommen. Oma und Opa kommen auch und freuen sich schon darauf, Dich wieder zu sehen. Bis zum Wochenende habe ich noch viel zu erledigen und vorzubereiten. Es wäre sehr schön, wenn Du mir da helfen könntest. Zum Beispiel wäre es gut, wenn Dein Zimmer nicht mehr so unordentlich wäre."

Diese Aufforderung ist weder knapp noch eindeutig. Die eigentliche Aufforderung lautet: „Räum Dein Zimmer auf!". Diese Formulierung mag zunächst etwas barsch oder gar unhöflich erscheinen. Sie ist aber knapp, eindeutig und effektiv. Es wurde auf überflüssige Informationen verzichtet, sodass sie nur das Wichtigste enthält.

5. Formulieren Sie Ihre Aufforderung nicht als Frage

„Kannst Du bitte den Müll rausbringen?" Mit einer solchen Aufforderung in Form einer Frage wird dem Kind eine Wahl zugestanden. Es kann sich dafür entscheiden, der Aufforderung nachzukommen oder sie aber nicht zu befolgen. Formal kann das Kind diese Frage mit „ja" oder „nein" beantworten. Insofern handelt es sich bei Fragen streng genommen auch nicht um Aufforderungen. Daher ist es auch nicht verwunderlich, dass solche Fragen häufig ihr Ziel verfehlen.

6. Sagen Sie konkret, was Sie wollen

Eine wirksame Aufforderung informiert das Kind darüber, was es tun soll. Zu Beginn fällt es vielen Erziehungspersonen zunächst etwas schwer, sich umzugewöhnen und Formulierungen ohne eine Verneinung zu finden. Wichtig ist zunächst, dass man sich bewusst macht, welche verneinten Aufforderungen im Alltag an das Kind gestellt werden. Der zweite Schritt, die positive Umformulierung, gelingt dann in der Regel mit ein wenig Übung sehr leicht.

Viele Menschen neigen aber dazu, genau zu sagen, was sie nicht wollen: „Sei nicht so unordentlich", „Schmatz nicht beim Essen", „Stör mich nicht beim Telefonieren". Nach einer solchen Ansage hat ein Kind zwar eine Vorstellung davon, was es nicht tun soll, es weiß jedoch noch nicht, *was* es stattdessen machen soll. Insofern sind solche verneinten Aufforderungen wenig wirksam.

Die verneinten Aufforderungen lassen sich beispielsweise folgendermaßen umformulieren:

- „Bring Deine schmutzige Kleidung in den Waschkorb",
- „Halt Deinen Mund beim Kauen geschlossen",
- „Spiel noch 10 Minuten in Deinem Zimmer, ich komme zu Dir, wenn ich das Telefonat beendet habe".

Auch unkonkrete Aufforderungen sind nicht wirksam, wenn das Kind sich nicht vorstellen kann, was es genau tun soll. Sie sollten dem Kind alle nötigen Informationen mitteilen, damit es eine Aufgabe auch so erledigen kann, wie Sie es sich vorstellen.

„Benimm Dich!" ist ein Beispiel für eine sehr unkonkrete Aufforderung. Je nach Kontext kann man sich sehr viele unterschiedliche konkrete Aufforderungen als Alternative vorstellen, beispielsweise

- „Benutz beim Essen Messer und Gabel",
- „Lass Deine Schwester mitspielen",
- „Leg den Schokoriegel zurück in das Regal".

Eine wirksame Aufforderung enthält also alle wichtigen Informationen, die ein Kind braucht, um genau zu wissen, wie es sich verhalten soll.

7. Bleiben Sie sachlich

Bei einer Aufforderung werden Informationen in Form einer Anweisung übermittelt. Es sollte also über die zu erledigende Aufgabe informiert werden. Das Kind muss nach der Aufforderung wissen, was genau es zu tun hat. Beschuldigungen, Vorwürfe oder gar Beleidigungen sind also überflüssig.

Beispiele

„Räum Dein Zimmer auf!" *statt* „Es ist eine Schande, wie Dein Zimmer wieder aussieht. Ich schäme mich für Dich! Räum doch endlich einmal Deinen Saustall auf!"

„Bring Deinen Teller zur Spüle!" *statt* „Wieso kannst Du nie Dein Geschirr wegräumen? Ich ärgere mich ohne Ende, Dir das jeden Tag sagen zu müssen. Wieso geht das einfach nicht in Deinen Kopf? Bring einfach Deinen Teller zur Spüle!"

Vorwürfe und Beleidigungen wie in den Negativbeispielen führen auf Seiten der Kinder häufig zu Trotz und Ärger. Solche unsachlichen Aufforderungen werden daher oft nicht befolgt, führen also nicht zum gewünschten Ziel.

8. Lassen Sie das Kind Ihre Aufforderung wiederholen

Das Wiederholen der Aufforderung dient zwei Zwecken:

Erstens können Sie auf diese Weise überprüfen, ob das Kind aufgepasst und Ihnen zugehört hat. Diese Überprüfung ist besonders sinnvoll, wenn sich das Kind in einer Spielsituation befindet oder durch den Fernseher oder Ähnliches abgelenkt sein könnte.

Zweitens können Sie kontrollieren, ob das Kind die Aufforderung verstanden hat. Das ist sinnvoll, wenn dem Kind eine neue oder schwierige Aufgabe gestellt wird. Wenn das Kind die Aufforderung wiederholt, kann überprüft werden, ob das Kind wirklich weiß, wie genau es die Aufgabe erledigen soll.

In den beiden geschilderten Situationen ist es also sehr sinnvoll, das Kind eine Aufforderung wiederholen zu lassen. Sie sollten sich aber auf diese Situationen beschränken und das Kind nicht grundsätzlich zur Wiederholung der Aufforderungen anhalten.

9. Leiten Sie eine Handlung ein

Verbinden Sie Ihre Aufforderung mit einem Anstoß zum unverzüglichen Befolgen:

- Wenn das Kind sein Zimmer aufräumen soll, gehen Sie gemeinsam mit ihm ins Kinderzimmer und legen fest, womit angefangen werden soll, beispielsweise mit den Bausteinen. Räumen Sie gemeinsam mit dem Kind die ersten Steine ein und lassen das Kind dann alleine weitermachen.
- Wenn das Kind am Abend seine Zähne putzen soll, leiten Sie die Handlung ein, indem Sie es beispielsweise leicht an der Schulter fassen, in Richtung Badezimmer führen, gemeinsam mit dem Kind ins Badezimmer gehen und ihm die Zahnbürste in die Hand geben.
- Wenn der Müll runtergetragen werden soll, geben Sie dem Kind den Müllbeutel in die Hand und sagen Sie dabei: „Bring den Müll in die graue Tonne!".

Diese Technik bewährt sich, weil die Umsetzung der Aufforderung unmittelbar erfolgt. Streitereien, Nachhaken etc. entfallen. Das Befolgen wird vielmehr zum Teil der Aufforderung. Es ist häufig nur der erste Schritt, der schwer fällt. Sie können also Ihr Kind bei der Erledigung einer unangenehmen Aufgabe unterstützen, indem Sie die Handlung einleiten und gleich den ersten Schritt der Umsetzung in die Wege leiten.

Sie sollten in Ihrem eigenen Interesse darauf achten, dass Sie nur den ersten Schritt mitgehen und dem Kind nicht zu viele Schritte abnehmen. Sie sollen die Handlung lediglich einleiten und nicht die Aufgabe selbst übernehmen.

10. Kontrollieren Sie die Befolgung der Aufforderung

Nachdem eine Aufforderung an das Kind gestellt wurde, sollte anschließend auch die Durchführung bzw. Erledigung überprüft werden. Eine
Überprüfung ist nicht nur eine Kontrolle, sondern auch eine Form der
Achtung und Wertschätzung. Stellen Sie sich einmal vor, dass ein Kind
die Aufforderung, sein Zimmer aufzuräumen, befolgt und sich dabei
sehr viel Mühe gibt. Würde sich anschließend niemand für das Resul-
tat interessieren und die verdiente Anerkennung ausbleiben, wäre das
Kind zu Recht enttäuscht. Sehr wahrscheinlich würde es sich dann beim
nächsten Mal deutlich weniger Mühe geben oder aber der Aufforderung erst gar nicht nachkommen.

Wenn sich zeigt, dass das Kind eine Aufgabe wie gefordert erledigt hat,
sollte es dafür auch angemessen gelobt werden.

Das Wichtigste in Kürze:

1. Es ist wichtig, dass die Nicht-Befolgung einer Aufforderung nicht ig-
   noriert wird, sondern eine Konsequenz nach sich zieht. Dafür müssen Sie aber auch zur Durchsetzung bereit sein. Falls es Ihnen an
   Bereitschaft dafür fehlt, sollten Sie lieber auf die Aufforderung und
   die Androhung einer Konsequenz verzichten, da leere Drohungen
   Ihre Glaubwürdigkeit gegenüber dem Kind herabsetzen.
2. Vermeiden Sie eine Überforderung des Kindes. Dies gelingt, indem
   Sie sich zunächst auf die wesentliche Aufforderung beschränken,
   konkret beschreiben, was das Kind tun soll, und überprüfen, ob das
   Kind verstanden hat, was Sie von ihm möchten.
3. Die wichtigsten Regeln für wirksame Aufforderungen sind im Arbeitsblatt 22 zusammengefasst.

Übungen

Übung 1: Lesen Sie den Beispieltext „Alltag bei Familie Muster" (Arbeits-
blatt 23). Der Text enthält Beispiele für unwirksame Aufforderungen.
Finden Sie die ungünstigen Aufforderungen und überlegen Sie, was der
Vater anders machen sollte.

Übung 2: Stellen Sie in den folgenden Wochen gezielt wirksame Aufforderungen an Ihr Kind. Beachten Sie dabei die vorgeschlagenen Regeln.
Sie können Ihre Aufforderungen und die Resultate in einem Protokoll

notieren (Arbeitsblatt 24). So verschaffen Sie sich einen Überblick, was gut gelingt und was Schwierigkeiten bereitet.

Eigene Notizen:

Regeln für wirksame Aufforderungen

Regel 1: Beschränken Sie sich auf eine Aufforderung.

Regel 2: Stellen Sie Aufforderungen nur, wenn Sie bereit sind, sie auch durchzusetzen.

Regel 3: Vergewissern Sie sich der Aufmerksamkeit des Kindes.

Regel 4: Formulieren Sie knapp und eindeutig.

Regel 5: Formulieren Sie Ihre Aufforderung nicht als Frage.

Regel 6: Sagen Sie konkret, was Sie wollen.

Regel 7: Bleiben Sie sachlich.

Regel 8: Lassen Sie das Kind Ihre Aufforderung wiederholen.

Regel 9: Leiten Sie eine Handlung ein.

Regel 10: Kontrollieren Sie die Befolgung der Aufforderung.

Arbeitsblatt 23

Beispieltext: Alltag bei Familie Muster

Vater Muster sitzt in seinem Liegestuhl auf der Terrasse und liest nach Feierabend in der Zeitung. Zufällig fällt sein Blick auf die Spielsachen, die sein Sohn Paul auf dem Boden verteilt hat. Außerdem liegen dort auch Pauls Turnschuhe und seine Jacke, die er nach der Schule einfach auf den Boden fallengelassen hat.

Herr Muster ruft seinem Sohn, den er in irgendeiner Ecke des Gartens vermutet, vorwurfsvoll zu: „Hey, die Spielsachen müssen weg, da bricht man sich ja den Hals! Und was ist mit den Schuhen, der Jacke? Muss denn das alles so super-unordentlich sein? Du bist vielleicht ein Chaot, Paul! Und bring auch gleich mal den Müll zur Tonne. Und würdest Du dann BITTE deine dreckigen Schuhe draußen hinstellen?!"

Arbeitsblatt 24

Protokoll für wirksame Aufforderungen

Stellen Sie in den folgenden Wochen gezielt wirksame Aufforderungen! Denken Sie dabei an die vorgeschlagenen Regeln!

Datum	Aufforderung	Was hat gut geklappt?	Schwierigkeiten	Besondere Umstände
Beispiel: Dienstag 04.04. 13:30 Uhr	Hausaufgaben machen und lernen für Klassenarbeit	Petra hat mich ernst genommen und gleich angefangen.	Sie hat's nicht durchgezogen, wurde immer unkonzentrierter und wollte den Rest später machen, da wusste ich nicht, was ich tun sollte.	Ihre beste Freundin hatte Geburtstag, ich mochte ihr nicht verbieten, zu ihr zu gehen und dort ein bisschen zu spielen.

Arbeitsblatt 24a – Neues Protokoll

Protokoll für wirksame Aufforderungen

Stellen Sie in den folgenden Wochen gezielt wirksame Aufforderungen! Denken Sie dabei an die vorgeschlagenen Regeln!

Datum	Aufforderung	Was hat gut geklappt?	Schwierigkeiten	Besondere Umstände

Übungskapitel 7:
Familienarbeit und Pausen

Wunsch nach Pausen

Kindererziehung ist eine anspruchsvolle und zeitweise sehr anstrengende Arbeit. Und von anstrengenden Arbeiten benötigt man manchmal eine Pause. In diesem Kapitel sollen Ihnen daher Wege aufgezeigt werden, solche Pausen zu verwirklichen. Dieser siebte Schritt soll Ihnen Entlastung bringen.

Einfach mal Pause machen

Wenn Sie auf Unterstützung eines Partners zurückgreifen können, sollten Sie diese auch in Anspruch nehmen. Die Unterstützung kann beispielsweise in Form eines Familienvertrages besprochen und festgelegt werden. Viele Eltern finden es zunächst etwas albern oder fühlen sich unwohl, wenn sie mit ihrem Partner einen „Vertrag" über Erziehungsaufgaben abschließen. Es handelt sich hierbei aber eher um eine Vereinbarung, die in einem Gesprächsprotokoll festgehalten wird. Nach unserer Erfahrung funktioniert eine dauerhafte Umsetzung solcher Pläne deutlich besser, wenn man die Absprachen schriftlich festhält. Arbeitsblatt 25 zeigt einen beispielhaften Vertrag.

In dem Beispiel-Familienvertrag werden scheinbar kleine Aufgaben zwischen Mutter und Vater verteilt, beispielsweise einmal pro Woche das Kind ins Bett bringen oder jede zweite Woche das Kind zum Sport bringen und abholen. Die Aufteilung auch solch kleiner Aufgaben kann wertvolle Pausen schaffen. Diese Pausen sind zur Erholung gedacht und sollten auch entsprechend gestaltet werden. Es ist nicht Sinn und Zweck dieser Absprache, in der kinderfreien Zeit die Küche zu putzen oder das Auto zu waschen. Sie sollten diese neuen Pausen am besten zu etwas nutzen, wozu Sie lange nicht mehr gekommen sind. So könnte die Zeit, in der das Kind im Volleyballtraining ist, für eine eigene sportliche Ak-

Arbeitsblatt 25

Beispiel eines Familienvertrags

Wir, Konrad und Karoline Muster, erklären hiermit, dass wir in der Zeit vom 1. November bis 1. März die folgenden Verhaltensvorsätze umsetzen werden:

- Einmal pro Woche bringt Konrad unsere Tochter Leonie ins Bett.

- Zweimal pro Woche beaufsichtigt Konrad unseren Sohn Paul bei den Hausaufgaben.

- Jede zweite Woche bringt Konrad unsere Tochter Leonie zum Reiten und holt sie wieder ab.

- Jeden Mittwoch holt Konrad unseren Sohn Paul vom Handballtraining ab.

- Einmal pro Woche bereitet Konrad abends mit den Kindern das Abendessen vor, während Karoline zum Sport geht.

- Einmal pro Woche nehmen wir uns alle gemeinsam eine „Zeit zum Reden".

- Einmal im Monat gönnen wir uns am Samstagabend einen Babysitter und unternehmen etwas zu zweit.

_____   _____
Ort, Datum   Unterschriften

tivität genutzt werden, beispielsweise Joggen, Besuch des Fitness-Studios oder einen erholsamen Spaziergang. Auch Unternehmungen mit Freunden, für die man sonst wenig Zeit hat, sind eine sinnvolle Pausenbeschäftigung. Unser Rat ist, diese Pausen nicht zu Hause zu verbringen, da man sich dort häufig nicht gut erholen kann. Denn zu Hause sehen die meisten Menschen immer eine Arbeit, die noch zu erledigen wäre. Und wenn Sie einfach nur mal wieder ein Buch lesen möchten, dann lesen Sie dieses Buch doch im Park oder in einem Café. Und wenn Sie sich wirklich nicht mit dem Gedanken anfreunden können, das Haus zu verlassen, dann versuchen Sie wenigstens der häuslichen Arbeit aus dem Weg zu gehen und in der Pausenzeit einmal nur an sich zu denken.

Für die Einlegung regelmäßiger Pausen sind Sie aber nicht auf die Unterstützung eines Partners angewiesen. Auch andere Personen können Ihnen helfen. Vielleicht können Sie Eltern, Geschwister oder Freunde um Unterstützung bitten. Sie könnten sich auch mit anderen Müttern oder Nachbarn zu einer „Zweckgemeinschaft" zusammenschließen. Beispielsweise könnten Sie mit der Mutter eines Freundes Ihres Kindes besprechen, dass die Kinder jede zweite Woche einen Nachmittag dort verbringen und Hausaufgaben machen und dass sie in der anderen Woche bei Ihnen zu Hause sind. So hätten Sie sich einen freien Nachmittag geschaffen. Oder Sie bieten den Nachbarn an, dass Sie abwechselnd in den Getränkemarkt fahren, sodass nicht jeder die Strecke in der Woche zurücklegen muss.

Eine kleine regelmäßige Pause lässt sich vielleicht auch realisieren, indem sie bestimmte Aufgaben abgeben, die Aufgaben anders organisieren oder Ihre Ansprüche herunterschrauben. Beispielsweise lassen sich bestimmte Einkaufsfahrten vermeiden, indem manche Dinge im Internet bestellt werden. Vielleicht könnten Sie sich einmal pro Woche eine Nachhilfe für die Hausaufgaben oder eine Reinigung für die Blusen und Hemden leisten. Ein Fitness-Studio mit Kinderbetreuung oder Vormittags-Termine beim Zahnarzt könnten ebenfalls zu einem weniger stressigen Alltag beitragen. Auf das Bügeln von Geschirr- und Handtüchern könnte verzichtet werden.

Solche Hilfen oder Zusammenschlüsse lassen sich in einem Ressourcenplan aufstellen und sammeln. Arbeitsblatt 26 zeigt ein Beispiel für einen solchen Ressourcenplan, der Ihnen als Anregung dienen soll.

Arbeitsblatt 26

Beispiel eines Ressourcenplans

Ich möchte mehr Zeit für mich haben. Deshalb nutze ich in Zukunft folgende Möglichkeiten:

– Ich werde mich mit einigen bekannten Müttern zum gegenseitigen Kinderhüten zusammentun.

– Ich frage meine Schwiegermutter, ob sie die Geschwister am Nachmittag betreuen kann, damit ich Zeit und Ruhe für die Positive Spielzeit mit Marlon habe.

– Ich suche mir ein Fitness-Studio mit Kinderbetreuung, damit ich etwas für meinen Körper tun kann (denn: wenn ich Sport gemacht habe, bin ich viel ausgeglichener).

– Ich sage dem Vater der Kinder deutlich, dass ich überlastet bin und mir von ihm wünsche, dass er die Kinder an einem zusätzlichen Abend betreut.

– Ich suche mir einen Zahnarzt in der Nähe des Kindergartens und bestehe auf Terminen, die mit der Abholzeit der Kinder zu vereinbaren sind, dann spare ich Wegezeit, wenn in Kürze diese lange Behandlung mit einer Serie von Terminen ansteht.

– Ich frage meine Nachbarin, ob sie mir in stressigen Zeiten die Wäsche abnehmen kann, dann kann ich das für sie auch tun.

– Ich bitte meinen Vater, mir bei der Renovierung des Kinderzimmers zu helfen.

– Ich gehe einmal pro Woche zum Mütter-Mittagstisch unseres Nachbarschaftszentrums (dort gibt es Kinderbetreuung und eine Mahlzeit kostet nicht viel).

– Ab jetzt bügele ich nur noch Blusen und schicke Sachen.

– Ich frage meine Tante, ob sie ab und zu für mich bügeln kann.

– Ich bitte den Vater der Kinder darum, mir beim Aufräumen des Kellers zu helfen.

– Ich rede mit meiner Chefin und frage sie, ob ich einen Teil der Arbeit von zu Hause aus erledigen könnte.

Die Paarzeit

Das Zusammenleben mit Kindern führt häufig dazu, dass Eltern für sich als Paar deutlich weniger Zeit haben als in der vorausgegangen kinderlosen Zeit. Im Familienalltag bleibt meist wenig Gelegenheit für die Pflege der elterlichen Beziehung. Die kinderfreien Zeiten am Tag, beispielsweise wenn das Kind schläft, werden häufig genutzt, um noch nicht erledigte Aufgaben abzuarbeiten oder anstehende Aufgaben zu planen. Nicht selten wirkt sich dies negativ auf die Paarbeziehung aus, da so der Austausch von Meinungen und Gefühlen, aber auch von Zuwendung auf der Strecke bleibt.

Unser Rat ist daher die Einführung einer regelmäßigen Paarzeit, also einer Zeit, in welcher die Eltern etwas ohne ihre Kinder unternehmen. Vielleicht gibt es schon solche Zeitfenster, beispielsweise weil das Kind regelmäßig bei einem Freund übernachtet, die bisher aber noch nicht zur Paarzeit genutzt wurden. Ansonsten können solche Zeiträume geschaffen werden, indem man sich mit Eltern von Klassenkameraden des Kindes austauscht und vereinbart, dass das Kind alle 14 Tage einmal bei dem Freund übernachtet und umgekehrt. Vielleicht besteht die Möglichkeit, dass Großeltern an einem Abend auf das Kind aufpassen oder dass eine Kinderbetreuung für wenige Stunden angestellt wird.

In der Paarzeit können sich Eltern ungestört austauschen. Es sollte aber auch die Gelegenheit für Unternehmungen genutzt werden, die früher viel Vergnügen bereitet haben, zuletzt aber vernachlässig wurden.

Die Familienrunde

Eine regelmäßige „Zeit zum Reden", zu der alle Familienmitglieder zusammenkommen, kann sich sehr positiv auf das Familienklima auswirken. Eine solche Familienrunde findet idealerweise einmal pro Woche statt. Hierfür werden ein fester Tag und eine feste Uhrzeit festgelegt.

Die Runde kann genutzt werden, um noch einmal den Blick auf die vergangenen sieben Tage zu richten. Jedes Familienmitglied sollte erzählen, was ihm besonders gut gefallen hat. Eltern sollten diese Zeit nutzen, um ihre Kinder noch einmal für positives Verhalten, gute schulische Leistungen oder Ähnliches zu loben. Es sollte dann auch berichtet werden, worüber man sich geärgert hat. Eltern sollten hierbei aber weniger ihre Kinder kritisieren, sondern eher formulieren, was sie sich für die kommende Woche anders wünschen. Schließlich können wichtige Aufgaben oder Ereignisse der kommenden Woche vorbesprochen und geplant werden.

Das Wichtigste in Kürze:

1. Erziehung ist Arbeit. Und bei jeder Arbeit ist es wichtig, regelmäßige Pausen einzulegen. Sie sollten sich daher regelmäßige Freiräume schaffen, die Sie für angenehme Tätigkeiten nutzen, die Sie vielleicht in der letzten Zeit vernachlässigt haben.
2. Sie können sich diese Freiräume schaffen, indem Sie Unterstützung von anderen Personen annehmen oder bestimmte Aufgaben effizienter organisieren.
3. Falls Sie in einer Partnerschaft leben, organisieren Sie sich Zeitfenster für gemeinsame Unternehmungen mit Ihrem Partner, ohne Kinder (Paarzeit). Dies wird sich positiv auf Ihre Beziehung auswirken.
4. Alle Familienmitglieder sollten sich einmal pro Woche in einer Familienrunde zusammenfinden, um auf die vergangenen Tage zurückzublicken, die zukünftigen Tage zu planen und anstehende Aufgaben zu verteilen.

Übungen

Übung 1: Schaffen Sie sich Pausen: Stellen Sie Ihren eigenen Ressourcenplan auf (Arbeitsblatt 27), um sich im Alltag zu entlasten und Freiräume zu schaffen. Falls Sie in einer Partnerschaft leben, könne Sie auch einen Familienvertrag vereinbaren (Arbeitsblatt 28). Nutzen Sie die so gewonnenen Freiräume für schöne Unternehmungen.

Übung 2: Wenn Sie einen Familienvertrag vereinbaren, legen Sie dort auch einen regelmäßigen Termin für die kinderlose Paarzeit fest.

Übung 3: Legen Sie einen Termin für die „Zeit zum Reden" fest. Teilen Sie in dieser Familienrunde die positiven Erlebnisse der Woche, äußern Sie Wünsche und machen Sie Verbesserungsvorschläge für die kommende Woche. Zeigen Sie sich aufgeschlossen für die Wünsche und Vorschläge der anderen Familienmitglieder. Gemeinsam können Sie Unternehmungen für die kommenden Tage besprechen.

Eigene Notizen:

Arbeitsblatt 27

Ressourcenplan

Ich möchte mehr Zeit für mich haben. Deshalb nutze ich in Zukunft folgende Möglichkeiten:

_____

_____

_____

_____

_____

_____

_____

_____

_____

_____

_____

_____

Arbeitsblatt 28

Familienvertrag

Wir, _____,

vereinbaren, dass wir in der Zeit vom _____

bis _____ die folgenden Vorsätze umsetzen werden:

_____

_____

_____

_____

_____

_____

_____

_____

_____

_____

_____

_____   _____

Ort, Datum   Unterschriften

Übungskapitel 8: Ein Blick zurück

Was hat sich verändert?

In den vorangegangenen sieben Übungskapiteln wurden Ihnen verschiedene Erziehungstechniken vorgestellt, die Ihnen in schwierigen Erziehungssituationen helfen sollen. Wenn Sie die sieben Schritte gemacht und die Übungen durchgeführt haben, ist es nun an der Zeit, einen Blick zurück zu werfen. Ein Blick zurück auf die Ausgangssituation soll zeigen, was sich in Ihrer Familie durch die sieben Schritte verändert hat.

Füllen Sie hierzu erneut den Fragebogen „Belastende Situationen in der Familie" (Arbeitsblatt 29) aus. Der Fragebogen soll die derzeitige Situation und Ihre aktuelle Belastung widerspiegeln. Beantworten Sie also in den Fragen, wie Sie Ihr Kind aktuell erleben. Ergänzen Sie anschließend Ihr Belastungsprofil (Arbeitsblatt 2) mit Ihrer aktuellen Belastungskurve in einer anderen Farbe. Verwenden Sie hierzu die Punktwerte aus der Belastungs-Spalte (vgl. Übungskapitel 1).

Nehmen Sie sich Zeit, um sich Ihr persönliches Belastungsprofil zu betrachten. Vergleichen Sie die beiden Belastungskurven miteinander. Welche Veränderungen können Sie feststellen?

Überprüfen Sie, was aus Ihren aufgestellten Zielen geworden ist (Arbeitsblatt 5). Haben sich die entsprechenden Situationen im Belastungsprofil verbessert?

Wenn Sie Verbesserungen feststellen, überlegen Sie, wie Sie die Fortschritte erreicht haben. Denken Sie an die vorangegangenen Kapitel zurück. Welche Methoden haben sich in Ihrer Familie bewährt? Gut funktionierende Techniken sollten Sie beibehalten und von nun an auch in Situationen anwenden, die noch Schwierigkeiten bereiten. Vielleicht wollen Sie hierzu ja neue Veränderungsziele aufstellen.

Teilen Sie Ihre Erkenntnisse mit Ihrer Familie. Falls Sie die Familienrunde eingeführt haben, wäre dies ein guter Rahmen, um Ihr Belastungsprofil zu zeigen und zu besprechen. Gemeinsam können Sie diskutieren, welche Situationen im Alltag noch verbessert werden sollten und wie dies erreicht werden könnte.

Das Wichtigste in Kürze:

1. Füllen Sie den Fragebogen (Arbeitsblatt 29) aus.
2. Tragen Sie Ihre aktuelle Belastungskurve in Ihr Belastungsprofil (Arbeitsblatt 2) ein.
3. Überprüfen Sie, inwieweit Sie Ihre Ziele erreicht haben und welche Methoden sich bewährt haben.

Übungen

Übung 1: Erstellen Sie eine Liste der Methoden, die für Sie hilfreich waren. Überlegen Sie, auf welche Situationen Sie diese Techniken noch anwenden können.

Übung 2: Notieren Sie, was sich in den vergangenen sieben Wochen verbessert hat. Besprechen Sie diese Verbesserungen mit Ihrer Familie. Fragen Sie die anderen Familienmitglieder, was sich aus deren Sicht positiv verändert hat.

Eigene Notizen:

Arbeitsblatt 29

„Belastende Situationen in der Familie"

Bitte geben Sie an, wie belastend das Verhalten Ihres Kindes in den genannten Situationen ist.

Situation	Wie belastend?		
	gar nicht		sehr stark
1. Wenn das Kind alleine spielt	1 2 3 4 5 6 7 8 9 10		
2. Wenn das Kind mit anderen spielt	1 2 3 4 5 6 7 8 9 10		
3. Bei den Mahlzeiten	1 2 3 4 5 6 7 8 9 10		
4. Beim An- und Ausziehen	1 2 3 4 5 6 7 8 9 10		
5. Beim Waschen und Baden	1 2 3 4 5 6 7 8 9 10		
6. Wenn Sie telefonieren	1 2 3 4 5 6 7 8 9 10		
7. Beim Fernsehen	1 2 3 4 5 6 7 8 9 10		
8. Wenn Besuch kommt	1 2 3 4 5 6 7 8 9 10		
9. Wenn Sie andere besuchen	1 2 3 4 5 6 7 8 9 10		
10. In der Öffentlichkeit (Geschäfte, Restaurant, Kirche usw.)	1 2 3 4 5 6 7 8 9 10		
11. Wenn Sie zu Hause beschäftigt sind	1 2 3 4 5 6 7 8 9 10		
12. Wenn Ihr(e) Partner(in) zu Hause beschäftigt ist	1 2 3 4 5 6 7 8 9 10		
13. Wenn das Kind etwas erledigen soll	1 2 3 4 5 6 7 8 9 10		
14. Bei den Hausaufgaben	1 2 3 4 5 6 7 8 9 10		
15. Beim Zubettgehen	1 2 3 4 5 6 7 8 9 10		
16. Beim Auto fahren	1 2 3 4 5 6 7 8 9 10		

Schlusskapitel:
Wo gibt es weitere Unterstützung?

Wir hoffen sehr, dass dieses Buch hilfreich für Sie ist und dass Sie von den Übungskapiteln und den dort vorgestellten Methoden profitieren.

Die Probleme im Erziehungsalltag mit einem Kind können jedoch manchmal so gravierend und überdauernd sein, dass auch diese Methoden sie nicht lösen. Die Schwierigkeiten können so groß sein, dass Erziehungspersonen überfordert sind und sie nicht alleine beheben können. In einem solchen Fall sollte professionelle Unterstützung gesucht und angenommen werden. Dieses Kapitel zeigt daher verschiedene Möglichkeiten professioneller Hilfe auf.

Elterntraining

Das vorliegende Buch soll Ihnen die wichtigsten Erziehungsmethoden näher bringen, die in der Regel auch in einem Elterntraining vermittelt werden. Diese Techniken sind grundsätzlich wirksam und können die Lösung von Erziehungsproblemen sein. Ein Übungsbuch wie dieses kann jedoch nicht die gleiche Unterstützung bieten wie ein fester Trainingskurs. In einem Elterntraining kann der Trainer auf die individuellen Schwierigkeiten der Teilnehmer persönlich eingehen; sie erhalten dort direkte Rückmeldung und Lösungsvorschläge, falls es Schwierigkeiten bei der Umsetzung der besprochenen Übungen gibt. Zudem profitieren die Eltern von anderen Teilnehmern durch deren Erfahrungen und Rückmeldungen.

Bei der Auswahl eines Elterntrainings sollte auf die Qualifikation des Trainers geachtet werden. Ein Hochschulabschluss in Psychologie, Pädagogik oder Medizin lässt auf eine gute Ausbildung des Trainers schließen. Informationen über Kursangebote können oft bei der Jugendhilfe, bei niedergelassenen Kinder- und Jugendlichenpsychotherapeuten oder bei den Institutsambulanzen (siehe unten) eingeholt werden.

Selbsthilfegruppen

In einer Selbsthilfegruppe schließen sich Menschen mit einem gemeinsamen Problem zusammen. Bei den regelmäßigen Treffen findet ein
Erfahrungsaustausch statt. Die einzelnen Mitglieder profitieren so von
den Erfahrungsberichten und Ratschlägen der anderen. Schon das
Reden über die eigenen Schwierigkeiten und die Erkenntnis, dass man
nicht alleine mit einem Problem ist, können sehr entlastend sein. Viele
Gruppen organisieren Informationsveranstaltungen zum Thema und
bieten auch gegenseitige praktische Unterstützung im Alltag an.

In Deutschland sind ca. 3 Millionen Menschen Mitglied einer von ca.
100.000 Selbsthilfegruppen. Entsprechend gibt es sehr viele unterschiedliche Gruppen, beispielsweise für Alleinerziehende, für Eltern
psychisch kranker Kinder, für Eltern pubertierender Kinder, für Eltern
lernbehinderter Kinder oder für Eltern mit Erziehungsschwierigkeiten.

Einen Überblick über bestehende Gruppen und Informationen über
Selbsthilfegruppen in Wohnortnähe gibt die Nationale Kontakt- und
Informationsstelle zur Anregung und Unterstützung von Selbsthilfe-
gruppen (NAKOS) über ihre Homepage *(www.nakos.de)*.

Bundeskonferenz für Erziehungsberatung

Die Bundeskonferenz für Erziehungsberatung (BKE) ist der Fachver-
band der Erziehungs- und Familienberatung in der Bundesrepublik
Deutschland.

Über ihre Homepage *(www.bke-elternberatung.de)* verspricht die BKE
auch anonyme Beratung zu Themen wie Entwicklung von Kindern,
Überforderung mit der Familiensituation, Eltern-Kind-Beziehung, Erziehung. Die Beratung erfolgt durch gut ausgebildete, erfahrene Fach-
kräfte und ist kostenlos. An der Beratung sind die Beratungsstellen von
AWO, Caritas, Deutscher Städtetag, Diakonie und Der Paritätische

Wohlfahrtsverband beteiligt. Die BKE bietet auch Foren zum Austausch zu speziellen Themen, moderierte Gruppenchats, Newsletter, Literaturempfehlungen und eine mobile App an.

Kinder- und Jugendhilfe

Ziele und Leistungen der Kinder- und Jugendhilfe werden im Achten Buch Sozialgesetzbuch (SGB VIII) benannt. Die Jugendhilfe hat das Ziel, Eltern und andere Erziehungsberechtigte bei der Erziehung zu beraten und zu unterstützen. Leistungen der Jugendhilfe sind daher u.a. Angebote zur Förderung der Erziehung in der Familie und Hilfen zur Erziehung.

Angebote zur Förderung der Erziehung in der Familie sind beispielsweise Beratung in allgemeinen Fragen der Erziehung und der Entwicklung von Kindern und Jugendlichen, Angebote zum Aufbau von Erziehungskompetenzen, Vorbereitung junger Menschen auf Ehe, Partnerschaft und das Zusammenleben mit Kindern. In belasteten Familiensituationen können auch Angebote der Familienfreizeit oder Familienerholung, die evtl. auch die erzieherische Betreuung von Kindern einschließen, unterbreitet werden. Bei Paarkonflikten kann eine entsprechende Beratung zur Konfliktlösung angeboten werden. Im Falle einer Trennung oder Scheidung können die Erziehungspersonen bei der Findung eines einvernehmlichen Konzepts zum Wohl des Kindes unterstützt werden.

Hilfen zur Erziehung können die Unterstützung durch pädagogische und damit verbundene therapeutische Leistungen beinhalten. Solche Leistungen werden dann gewährt, wenn eine dem Wohl des Kindes entsprechende Erziehung nicht gewährleistet ist und Hilfe für seine Entwicklung notwendig ist. Hilfen erfolgen zum Beispiel in Form von Erziehungsberatung durch entsprechende Erziehungsberatungsstellen oder andere Beratungsdienste; Erziehungspersonen und Kinder bzw. Jugendliche sollen bei der Klärung familienbezogener Probleme und bei der Lösung schwieriger Erziehungsfragen unterstützt werden. Weitere Formen der Unterstützung sind Erziehungsbeistand und Sozialpädagogische Familienhilfe. Ein Erziehungsbeistand soll das Kind bzw. den Jugendlichen bei der Bewältigung von Entwicklungsproblemen unterstützen und seine Selbstständigkeit fördern. Familienhilfe soll die Familie durch intensive Betreuung bei Erziehungsaufgaben, bei der Bewältigung von Alltagsproblemen bei der Lösung von Konflikten und bei Kontakt zu Ämtern unterstützen.

Die Leistungen der Jugendhilfe werden von öffentlichen und freien Trägern erbracht. Öffentliche Träger sind die Jugendämter bzw. Landesjugendämter. Freie Träger sind beispielsweise das Diakonische Werk, Caritas, das Deutsche Rote Kreuz oder die Arbeiterwohlfahrt. Die meisten Jugendämter und freien Träger bieten eine sehr informative Homepage mit Angaben zur Kontaktaufnahme.

Schulpsychologischer Dienst

Der Schulpsychologische Dienst berät u. a. Schülerinnen und Schüler sowie ihre Eltern. Ziel ist insbesondere ein erfolgreicher Schulbesuch. Unterstützung kann erfolgen in Form von Beratung bei akuten schulischen Konflikten, Beratung bei der Wahl der Schulform, Beratung bei Lernschwierigkeiten oder Problemen mit den Hausaufgaben, Hilfe bei der Suche nach geeigneten Fördermaßnahmen, Beratung bei Mobbing oder Schulverweigerung.

Der Schulpsychologische Dienst kann häufig auch eine erste diagnostische Einschätzung vornehmen, ob bei Schülern eine Hochbegabung, Lernbehinderung, Rechenstörung oder Lese- und Rechtschreibstörung vorliegt. Bei einem entsprechenden Verdacht können sie zur fundierten Diagnostik an eine entsprechende Einrichtung verweisen.

Kinder- und Jugendlichenpsychotherapeuten

Kinder- und Jugendlichenpsychotherapeuten bieten in ihren Praxen psychisch kranken Kindern und Jugendlichen eine Behandlung in Form einer Psychotherapie an. In Abhängigkeit von der Ausbildung des Kinder- und Jugendlichenpsychotherapeuten bieten die Praxen tiefenpsychologisch, systemisch oder verhaltenstherapeutisch orientierte Therapie an. In der Regel handelt es sich um eine ambulante Therapie mit einem wöchentlichen Termin. Die Kosten für die Therapie trägt die Krankenkasse.

Eine Liste zugelassener Kinder- und Jugendlichenpsychotherapeuten ist über die Psychotherapeutenkammern oder die Krankenkassen erhältlich.

Institutsambulanz der Kinder- und Jugendpsychiatrie

Kinder- und jugendpsychiatrische Einrichtungen bieten meist neben stationären und teilstationären Behandlungen auch ambulante Angebote durch ihre Institutsambulanzen. Die Ambulanzen bieten Beratung, Diagnostik und ggf. Empfehlungen bezüglich einer Behandlungsform. Kinder und Jugendliche werden hier also kinder- und jugendpsychiatrisch und psychologisch untersucht. Wird aufgrund der Untersuchungsergebnisse eine psychische Störung diagnostiziert, werden die Familien über das Krankheitsbild aufgeklärt. Eine solche Aufklärung beinhaltet auch Informationen über bestehende Therapiemöglichkeiten.

Die Ambulanzen haben den Vorteil, dass hier oft sehr schnell, in einem Notfall meist auch sofort ein Termin angeboten werden kann. Zeitnahe Vorstellungen, Einschätzungen, Beratungen und Empfehlungen sind möglich. Bei Bedarf kann häufig von hier aus eine teilstationäre oder stationäre Behandlung eingeleitet werden. Viele Ambulanzen bieten auch eine medikamentöse Behandlung und spezielle ambulante Gruppenangebote an. Eine ambulante Psychotherapie ist in der Regel nicht möglich. Viele Ambulanzen bieten jedoch überbrückend ambulante psychotherapeutische Unterstützung bis zum Beginn einer Psychotherapie bei einem niedergelassenen Kinder- und Jugendlichenpsychotherapeuten an.

Ratgeber für Eltern psychisch kranker Kinder

Psychisch kranke Kinder stellen enorme Anforderungen an ihre Eltern. Je nach Krankheitsbild müssen auch sehr unterschiedliche Aspekte in der Erziehung berücksichtigt werden. Beispielsweise braucht ein Kind, das an einer Angststörung leidet, andere Unterstützung als ein aggressives Kind.

Eltern psychisch kranker Kinder sollten sich daher genau über das Krankheitsbild, Behandlungsmöglichkeiten und über Empfehlungen bzgl. des eigenen Umgangs mit dem Kind informieren. Der Verlag Hogrefe bietet hierzu die Reihe „Ratgeber Kinder- und Jugendpsychotherapie" an. Informationen für Betroffene, Eltern, Lehrer und Erzieher gibt es beispielsweise zu ADHS, Aggressivem Verhalten, Einnässen, Autistischen Störungen, Schlafstörungen, Übergewicht, Magersucht, Lese- und Rechtschreibstörungen und Depressionen.

Diese Ratgeber wurden von anerkannten Experten geschrieben, beruhen auf aktuellen wissenschaftlichen Erkenntnissen und berücksichtigen die gültigen Behandlungsleitlinien.

Literatur

Beelmann, A. & Raabe, T. (2007). *Dissoziales Verhalten von Kindern und Jugendlichen*. Göttingen: Hogrefe.

Bengel, J., Meinders-Lücking, F. & Rottmann, N. (2009). *Schutzfaktoren bei Kindern und Jugendlichen – Stand der Forschung zu psychosozialen Schutzfaktoren für Gesundheit*. Köln: BZgA.

Döpfner, M., Schürmann, S. & Frölich, J. (2002). *Therapieprogramm für Kinder mit hyperkinetischem und oppositionellem Problemverhalten THOP* (3., vollst. überarb. Aufl.). Weinheim: Psychologie-Verlags-Union.

Görlitz, G. (2010). *Psychotherapie für Kinder und Familien*. Stuttgart: Klett-Cotta.

Hurrelmann, K. (1994). Mut zur demokratischen Erziehung. *Pädagogik, 46*, 13–17.

Kindler, H., Lillig, S., Blüml, H., Meysen, T. & Werner, A. (HG) (2006). *Handbuch Kindeswohlgefährdung nach § 1666 BGB und Allgemeiner Sozialer Dienst (ASD)*. München: Deutsches Jugendinstitut e.V.

Lauth, G. & Heubeck, B. (2006). *Kompetenztraining für Eltern sozial auffälliger Kinder (KES)*. Göttingen: Hogrefe.

Ratgeber Kinder- und Jugendpsychotherapie

M. Döpfner · J. Frölich · T. Wolff Metternich

Ratgeber ADHS

Informationen für Betroffene, Eltern, Lehrer und Erzieher zu Aufmerksamkeitsdefizit-/ Hyperaktivitätsstörungen

Band 1: 2., akt. Aufl. 2007, 49 Seiten, Kleinformat, € 6,95 / CHF 10,50
ISBN 978-3-8017-2104-6

F. Petermann · M. Döpfner · M. H. Schmidt

Ratgeber Aggressives Verhalten

Informationen für Betroffene, Eltern, Lehrer und Erzieher

Band 3: 2., akt. Aufl. 2008, 39 Seiten, Kleinformat, € 6,95 / CHF 10,50
ISBN 978-3-8017-2187-9

G. Groen · W. Ihle · M. E. Ahle · F. Petermann

Ratgeber Traurigkeit, Rückzug, Depression

Informationen für Betroffene, Eltern, Lehrer und Erzieher

Band 16: 2012, 61 Seiten, Kleinformat, € 8,95 / CHF 13,50
ISBN 978-3-8017-2382-8

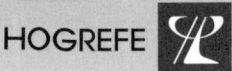

HOGREFE

Buchtipps

Anne Dyer · Regina Steil

Starke Kinder

Strategien gegen sexuellen Missbrauch

2012, 146 Seiten, Kleinformat,
€ 16,95 / CHF 24,50
ISBN 978-3-8017-2366-8

Sigrun Schmidt-Traub

Zwänge bei Kindern und Jugendlichen

Ein Ratgeber für Kinder und Jugendliche, Eltern und Therapeuten

2., überarb. Auflage 2013, 177 Seiten,
Kleinformat, € 16,95 / CHF 24,50
ISBN 978-3-8017-2522-8

Alexandra Lenhard · Wolfgang Lenhard
Karl Josef Klauer

Denkspiele mit Elfe und Mathis

Förderung des logischen Denkvermögens für das Vor- und Grundschulalter

2012, 45 Seiten, Großformat,
inkl. CD-ROM, € 99,– / CHF 129,–
ISBN 978-3-8017-2395-8